Olga

 Anna

 Ilai

 Sheriban

 Bao

 Cem

Marliese Arold

Mein großes Vorlesebuch zum SCHULSTART

Mit Bildern von Franziska Höllbacher,
Stefanie Krauss & Sabine Legien

CARLSEN

Inhaltsverzeichnis

Das sind die Kängurus!   4

Das bin ich!   8

Endlich Känguru!   13

In der Kita ist viel los!   20

Wer fürchtet sich vor Vampiren?   22

Kennst du dich im Wald gut aus?   29

So viele Bücher!   30

Wo ist was?   31

Hoch hinaus!   35

Bastele dein eigenes Steckenpferd!   41

Besuch von der Polizei   42

Fit für den Straßenverkehr   48

Gespenst im Doppelpack   49

Gruselalarm!   55

Mein Wackelzahn, dein Wackelzahn   56

So macht Zähneputzen Spaß!   62

Zwei Kängurus im Wasser *Erzählt von Imke Sörensen*   63

Aminata ist Emmas Gespensterzwillingsschwester! Sie fürchtet sich nie, aber sie mag es nicht so gerne, wenn sie im Mittelpunkt steht. Als Cem stolz seinen herausgefallenen Milchzahn zeigt, ist Aminata ein bisschen traurig. Sie möchte so gerne groß sein und auch endlich eine Zahnlücke haben! Ob das wohl klappt?

Anna liebt Tiere! Sie probiert gerne Neues aus, sie ist einfühlsam, witzig und einfach eine richtig gute Freundin. Von Anna können die anderen spannende Dinge lernen. Weil Anna kaum etwas sehen kann, trifft sie regelmäßig Cora, eine Assistenzhündin, und Coras Trainerin Daniela. Als Anna in die Schule kommt, zieht Cora bei ihr zu Hause ein und bleibt immer an ihrer Seite.

Sheriban mag Sport und Theaterspielen. Sie liebt es, auf der Bühne in Rollen zu schlüpfen. Beim Schnuppertag in der Schule ist sie zuerst ganz schön aufgeregt. Aber nachdem sie ihren Lehrer kennengelernt und das Klassenzimmer gesehen hat, freut sie sich auf die Schule – und auf all die Abenteuer, die sie dort erleben wird.

Noah interessiert sich für Tiere und fürs Basteln und Arbeiten mit Werkzeugen. Er ist sehr ehrgeizig und manchmal enttäuscht, wenn etwas nicht sofort klappt. An seinem ersten Schultag ist Noah total aufgeregt! Zum Glück kennt er viele seiner Mitschülerinnen und Mitschüler schon von den Kängurus! Wie wird es wohl sein in der ersten Klasse? Und was steckt alles in seiner Schultüte?

Felix ist sportlich, schnell und ein bisschen verträumt. Er hat ein cooles Baumhaus und viele gute Ideen. Vor Tieren, egal ob vor großen oder kleinen, hat Felix ziemlichen Respekt. Beim Haustiertag in der Schule fühlt er sich ein bisschen unsicher. Felix ist in Sheriban verliebt und die beiden freunden sich an.

Bao ist ganz gewissenhaft und kann gut auf Sachen aufpassen. Er interessiert sich für alles, was mit der Feuerwehr zu tun hat, kennt sich außerdem schon richtig gut im Straßenverkehr aus und übt ganz eifrig Skateboarden. Auch fürs Schwimmen interessiert Bao sich sehr. Als er einen Schwimmkurs besuchen darf, ist Bao total glücklich.

Cem ist ein fröhlicher und kluger Junge. Er steht nicht so gerne im Mittelpunkt, traut sich aber manchmal doch, Scherze zu machen und die Aufmerksamkeit der anderen auf sich zu ziehen. Cem verliert als erstes Känguru einen Wackelzahn und ist total stolz auf seine Zahnlücke! Liebevoll kümmert er sich um seinen Hamster Alf, den er ganz allein versorgt.

Ilai ist neugierig, lustig und manchmal ein kleines bisschen vorlaut. Sein Element ist das Wasser! Beim Schwimmen fühlt er sich pudelwohl und es gibt nichts Schöneres für Ilai, als zu planschen und zu tauchen. Deswegen macht Ilai sein Seepferdchen-Abzeichen schon bevor er in die Schule kommt – und er ist sehr stolz darauf!

Das bin ich

Ich heiße: _____

Ich bin _____ Jahre alt.

Ich gehe in die: Kita Vorschule Schule

So heißt meine Gruppe/Klasse: _____

Zu Hause wohnen auch:

Mama Mama Papa Papa große (Halb-) Schwester

kleine (Halb-) Schwester großer (Halb-) Bruder kleiner (Halb-) Bruder Oma Opa

Am liebsten spiele ich: _____

Das kann ich besonders gut:

Kaninchen ☐

Tiger ☐

Elefant ☐

Ich mag am liebsten Bücher mit:

Feen ☐

Tieren ☐

Pflanzen ☐

Märchen ☐

Rittern ☐

Raumschiffen ☐

Fahrzeugen ☐

Mein liebstes Ausflugsziel ist:

Bibliothek ☐

Schwimmbad ☐

Freizeitpark ☐

Spielplatz ☐

Wald ☐

Zoo ☐

Das finde ich richtig DOOF!

____

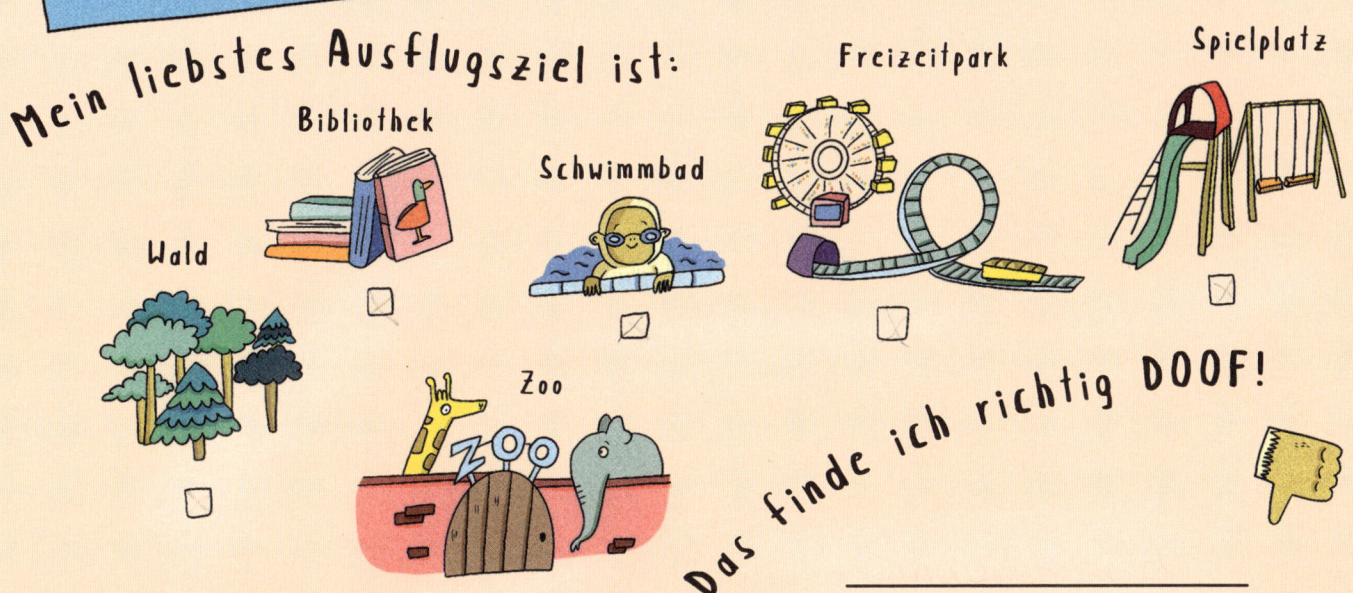

Endlich Känguru!

Die langen Kita-Ferien sind zu Ende. Kein Jeden-Tag-Ausschlafen mehr, erst mal keine Besuche bei Oma und Opa und auch die Barfußtage sind vermutlich vorbei. Aber zum ersten Mal ist Olga darüber kein bisschen traurig – im Gegenteil! Denn dieses Jahr passiert nach den Ferien etwas Großartiges.

»Heute ist es so weit!« Olga hüpft aufgeregt auf und ab. »Ich bin jetzt ein Känguru!«

Mama lacht. »Das sieht man! Jetzt hör aber auf zu hopsen, sonst kommen wir noch zu spät.«

Olgas jüngere Schwester Mara steht schon fix und fertig angezogen neben der Wohnungstür und bohrt in der Nase.

»Ab heute bin ich gro-hoß«, sagt Olga zu ihr. »Und du nicht! Du bist immer noch ein Marienkäfer!«

Olga freut sich wirklich sehr, dass sie jetzt endlich ein Vorschulkind ist.

Mara findet es eigentlich auch cool, eine so große Schwester zu haben. Aber sie ist ein klitzekleines bisschen neidisch. Sie muss noch warten, bis sie auch in die Vorschulgruppe kommt. Immer ist Olga früher dran!

»Los jetzt!«, ruft Mama. Sie hat Milo auf dem Arm. Der ist noch ein Baby und Mama bringt ihn zur Tagesmutter, wenn Olga und Mara in der Kita sind. Mama arbeitet nämlich im Krankenhaus. Dort sorgt sie dafür, dass die Patienten und Patientinnen wieder laufen oder ihre Arme richtig bewegen lernen.

»Mama turnt mit kranken Leuten«, sagt Olga immer. Sie ist stolz darauf, dass sie so eine tolle Mama hat, die anderen Menschen hilft.

»Alle Fahrradhelme an Bord?«, fragt Mama. Olga und Mara heben ihre bunten Helme hoch in die Luft. Das machen sie jeden Morgen, bevor sie in den Fahrradanhänger steigen, um zur Kita zu fahren. Milo quiekt dann immer vergnügt und reckt die Arme in die Luft – ohne Helm, denn den hat Mama, weil er ihn sich noch nicht aufsetzen und verschließen kann.

Die Kita liegt in der Gartenstraße. Heute kann Olga gar nicht schnell genug aus dem Anhänger hüpfen. Mama hilft Mara und hebt Milo aus dem Kindersitz.

»Ich geh schon mal vor«, ruft Olga und rennt los, direkt zu den anderen Kängurus, die im Gang stehen.

»Hallo, Olga, guten Morgen!« Aylin breitet die Arme aus und Olga springt hinein. Sie hat Aylin total lieb. Aylin leitet zusammen mit Peter die Känguru-Gruppe, und beide sind sehr nett.

»Herzlich willkommen bei den Kängurus, Olga!« Peter bückt sich, um Olga zu begrüßen. »Na, aufgeregt?«

Olga nickt. »Und wie! Fast so wie zu Weihnachten!«

Aylin lacht und drückt Olga noch einmal liebevoll. »Und hey, passend zum Vorschulstart bist du in den Ferien ja ein ganzes Stück gewachsen«, stellt sie fest.

»Vier Zentimeter! Mama hat gestern einen neuen Strich an die Kinderzimmertür gemacht«, antwortet Olga. »Und sogar meine Füße sind größer geworden! Guck mal.« Stolz streckt Olga Aylin den Beutel mit ihren nigelnagelneuen Hausschuhen entgegen.

»Oh, die sind aber schön«, sagt Aylin bewundernd. »Komm, ich zeige dir gleich dein neues Garderobenfach!«

Ich bin auch gewachsen, denkt Mara trotzig, als sie in der Garderobe ankommen. Das ist doch nichts Besonderes. Und neue Hausschuhe hat sie auch dabei.

Mama hat Aylin und Peter kurz begrüßt. Aber Milo auf ihrem Arm ist ungeduldig und quengelt.

»Tschüss, ich muss leider wieder los!«, ruft Mama und wirft Olga und Mara eine Kusshand zu. »Bis später!« Und schon ist sie weg.

Eigentlich kann Mara sich die Hausschuhe längst alleine anziehen. Aber ausgerechnet heute klemmen die blöden Sandalenschnallen. Mara könnte weinen vor Ärger. Ist denn niemand da, der ihr hilft? Vor den Sommerferien hat Olga es immer mitbekommen, wenn Mara Hilfe brauchte. Aber heute ist sie viel zu beschäftigt damit, ein Känguru zu sein.

Da kommt Magnus angestürzt. Er ist jetzt auch ein Känguru, und er sieht, dass Mara ganz traurig ist. »Soll ich dir helfen, Mara?«, fragt er.

Mara guckt kurz zu Olga, dann nickt sie.

Magnus kniet sich hin, pfriemelt an Maras Sandalen rum, bis die Schnallen endlich aufgehen, und hilft ihr, in die Hausschuhe zu schlüpfen.

»Danke, Magnus«, flüstert Mara.

»Klaro,«, sagt Magnus übertrieben stolz und knufft Mara in die Seite. »Wir Großen helfen euch Kleinen doch gerne!«

Mara verdreht die Augen, muss aber trotzdem ein bisschen kichern.

Olga verschränkt die Arme und funkelt Magnus böse an. Pah, so ein Angeber! Mara ist immer noch ihre Schwester!

Magnus flitzt wieder davon und Mara guckt zu Olga. Ist Olga jetzt etwa sauer auf sie?

Olga ist wirklich ein bisschen sauer. Aber nicht lange, denn nun gehen Aylin und Peter mit den neuen Kängurus zum Morgenkreis nach oben in den Gruppenraum. Da verfliegt Olgas Ärger sofort wieder. Sie winkt Mara zum Abschied zu, dann springt sie zusammen mit Magnus die Treppe hinauf.

Im Gruppenraum sind die Tische zusammengeschoben. In der Mitte stehen zwei große Teller voller Känguru-Kekse. Die hat Peter gebacken. Ihre Augen sind aus Rosinen. Und jedes Känguru hat sogar eine Bauchtasche. Sie sind so niedlich! Peter hat sich wirklich riesige Mühe gegeben.

»Jedes große Känguru darf heute ein kleines Känguru mit nach Hause nehmen«, erklärt Peter.

»Und damit ihr erfahrt, wer alles zu den Kängurus gehört, und euch ein bisschen kennenlernt, machen wir heute Vormittag lauter Spiele mit wechselnden Gruppen. Aber vorher habe ich noch eine Überraschung für euch«, sagt Aylin.

Jedes Kind bekommt von ihr eine Baumwolltasche geschenkt, auf der ein Känguru aufgemalt ist. Außerdem steht der jeweilige Name auf der Tasche.

Olga entdeckt ihre Tasche sofort. Denn das »O« kennt sie schon lange. Neugierig sieht sie sich nach den anderen Kängurus mit ihren Taschen um. So viele neue Gesichter! Klar, Magnus, Emma und Cem kennt sie aus ihrer alten Gruppe, aber die anderen Kinder höchstens vom Sehen. Wie sie wohl so sind?, überlegt Olga.

Doch gleich darauf hört sie wieder zu, denn nun erzählen Aylin und Peter den Kindern, was sie in den nächsten Monaten alles zusammen machen werden. Sie werden die Stadtbibliothek und die Schule besuchen, einen Ausflug in den Wald machen, Feste feiern und tolle Sachen basteln. Und natürlich eine Menge Spaß haben.

»Na, wie wars heute in der Kita?«, fragt Mama, als sie Olga und Mara am Nachmittag wieder mit dem Fahrrad abholt.

»Super!«, ruft Olga – und dann platzen die Wörter nur so aus ihr heraus. Während der ganzen Heimfahrt erzählt sie, was sie alles erlebt hat.

Dafür ist Mara umso stiller. Ihre Augen werden immer größer. Und beim Aussteigen entdeckt Olga, dass dicke Tränen über Maras Wangen kullern.

»Hey, nicht weinen!« Olga umarmt ihre liebste Schwester. »Du bist doch auch schon groß!«

Sie holt das gebackene Keks-Känguru aus ihrer Tasche und reicht es Mara. »Hier, das schenke ich dir! Das darfst du ganz allein essen!«

»Echt?«, fragt Mara.

Olga nickt.

Mara grinst und beißt dem Känguru gleich die Ohren ab. Mmmh, das schmeckt unglaublich lecker!

»Na, ihr drei«, empfängt Stefan sie mit Milo im Arm an der Wohnungstür. Stefan ist Mamas Freund und Milos Papa. Seit Milos Geburt wohnt er bei ihnen.

Olga strahlt ihn an, als sie sieht, dass er Kuchen gebacken hat. Auch Mara freut sich, denn Kuchen isst sie für ihr Leben gern. Außerdem fühlt sich das weggeknusperte Känguru dann nicht so allein in ihrem Bauch.

Plötzlich macht es Mara gar nichts mehr aus, dass sie noch kein Vorschulkind ist. Im Gegenteil. Sie ist sehr stolz auf ihre große, tolle Schwester!

In der Kita ist viel los!

Wie viele Vögel kannst du entdecken?

Wer fürchtet sich vor Vampiren?

»Hmm, es duftet nach Herbst!«, freut sich Olga. Die Luft riecht nämlich richtig gut nach Erde. Und die bunten Blätter rascheln toll unter Olgas Füßen.

Und noch etwas freut Olga: Heute steht der seit langem geplante Waldausflug der Kängurus an. Ein Förster wird sie durch den Wald führen und ihnen alles genau erklären. Die Sonne scheint warm vom strahlend blauen Himmel. Genau das richtige Wetter für den Ausflug!

»Ob es im Wald Schlangen gibt?«

»Glaubt ihr, dass wir einen Fuchs sehen?«

»Vielleicht hören wir ja einen Specht.«

Olga, Bao, Magnus, Emma, Aminata, Felix, Anna, Noah, Sheriban, Cem und Ilai reden aufgeregt durcheinander.

Nach dem Mittagessen geht es los. Die Kinder ziehen ihre Schuhe und Jacken an. Gemeinsam laufen sie zur Bushaltestelle. Aylin geht ganz vorne und Peter bildet den Abschluss. Er passt auf, dass niemand verlorengeht.

Olga und Anna sind ein Team und gehen zusammen in der Zweiergruppe. Olga hält Anna an der Hand. Denn Anna hat eine dicke Brille, kann aber trotzdem kaum etwas sehen. Deswegen warten an der Bushaltestelle auch Daniela und Cora auf sie. Cora ist eine knuffige Golden-Retriever-Hündin mit ganz weichem Fell und noch weicheren Ohren. Cora soll Anna in ein paar Monaten helfen, sich im Alltag besser zurechtzufinden. Doch bis dahin muss die Hündin noch viel lernen. Und dafür sorgt Daniela, sie ist Coras Trainerin. Anna kennt Cora schon, begrüßt sie und streichelt sie lange.

Auch alle anderen Känguru-Kinder sind von Cora begeistert. Nur Cem und Felix halten sich ein wenig zurück, sie haben Angst vor Hunden.

Endlich kommt der große Bus. Aufgeregt steigen alle ein. Olga und Anna setzen sich hinter Daniela und Cora und vor Magnus.

»Vielleicht sehen wir im Wald Wildschweine«, sprudelt Magnus los. »Oder Hirsche. Oder sogar einen Dachs, obwohl die selten sind.« Magnus hat zu Hause ein Buch über den Wald, mit vielen schönen Bildern.

An der Haltestelle »Am Mooswald« wartet Herr Meier, der Förster, schon auf die Känguru-Gruppe.

Olga hat noch nie einen Förster gesehen. Aber Herr Meier sieht ganz normal aus. Er trägt eine grüne Hose und einen grünen Parka.

»Hallo«, begrüßt Herr Meier die Känguru-Gruppe. »Ich freue mich, dass ich euch heute meinen Wald zeigen kann. Und ich hoffe, dass ihr ihn so spannend findet wie ich. Mal sehen, was wir dort heute alles entdecken.«

Anfangs findet Olga allerdings gar nichts spannend. Nur anstrengend. Sie laufen einen schmalen Weg entlang. Der ist noch voller Pfützen, weil es in den letzten Tagen so viel geregnet hat. Felix springt mit beiden Beinen hinein. Wasser spritzt auf, und alle Kinder, die gerade in seiner Nähe sind, bekommen ein paar Tropfen ab. Na toll, denkt Olga. Sie beobachtet Cora. Ob sie wohl auch gern in die Pfützen springen würde? Aber Cora ist ganz brav. Sie gehorcht Daniela aufs Wort. Das ist wichtig, damit sich Anna später ganz auf Cora verlassen kann.

Olga geht neben Daniela und Anna her und fragt, was Cora alles lernen muss.

»Zum Beispiel, dass sie an der Ampel stehen bleibt und auf Grün wartet«, antwortet Daniela.

»Können Hunde denn Farben sehen?«, will Olga wissen.

»Nur Blau und Gelb«, sagt Daniela. »Rot und Grün können sie nicht so gut unterscheiden. Darum muss Cora lernen, auf Töne zu achten, die Ampeln manchmal von sich geben. Oder sie muss beobachten, wann die anderen die Straße überqueren. Und hier im Wald muss sie lernen, vor Hindernissen wie einem großen

Ast oder einem tiefen Loch stehen zu bleiben und Anna daran vorbeizuführen.«

Olga bewundert Daniela. Dass sie Cora so etwas beibringen kann! Toll!

»Ich will auch Hundetrainerin werden, genau wie du«, beschließt Olga.

Daniela lacht. »Das hat ja noch ein bisschen Zeit. Ich bin sicher, dass du bis dahin noch vieles werden willst.«

Weiter vorne ist die Gruppe stehen geblieben. Die Kinder scharen sich um den Förster. Herr Meier erklärt den Unterschied zwischen den Laub- und Nadelbäumen.

»Die Laubbäume werfen im Herbst ihre Blätter ab und bekommen im Frühjahr darauf neue«, sagt er. »Die Nadelbäume dagegen behalten ihre Nadeln. Die einzige Ausnahme ist die Lärche, die ebenfalls im Herbst ihre Nadeln abwirft.« Er zeigt den Kindern eine Lärche. Die Nadeln haben schon begonnen, sich gelblich zu verfärben.

Die Kinder sehen noch viele andere Bäume. Manchmal ist die Rinde glatt und manchmal rau. Anna befühlt alles genau und kann die einzelnen Baumarten super voneinander unterscheiden.

Olga stellt sich vor, wie es ist, wenn man nicht gut sehen kann. Sie schließt die Augen und lässt ihre Fingerspitzen über den Baumstamm gleiten. Ganz schön schwierig, den Unterschied zu spüren. Anna muss sehr feinfühlige Finger haben!

Auf dem Weg zu einer Futterkrippe kommt die Gruppe an einer Lichtung mit einigen abgestorbenen Bäumen vorbei.

»Wird das Holz hier abgeholt und zu Möbeln verarbeitet?«, fragt Magnus Herrn Meier.

»Nein, das ist sogenanntes Totholz. Es ist wichtig für den Wald. Denn auch wenn es nicht danach aussieht, leben zigtausend kleine und sehr kleine Tiere darin. Spechte bauen zum Beispiel gern ihre Nisthöhlen in Totholz.«

Magnus will alles genau wissen. »Wer baut denn die Höhlen im toten Baum? Die Männchen oder die Weibchen?«

»Beide«, antwortet Herr Meier. »Sie teilen sich die Arbeit.«

Die Futterkrippe ist im Moment noch leer. Sie wird im Winter mit Kastanien und Heu gefüllt, damit die Rehe genügend zu fressen haben. Denn wenn Schnee liegt, finden die Tiere oft nicht mehr genügend Nahrung.

»Ich wäre jetzt auch gern ein Reh an einer vollen Futterkrippe«, meint Emma. Auch den anderen Kindern knurrt der Magen. Es ist höchste Zeit für eine Pause.

»Wir sind gleich da«, verspricht der Förster.

Und tatsächlich! Sie kommen zu einem kleinen Haus, das mitten im Wald steht. Es ist eine Naturlehrstation, die heute nur für die Kängurus geöffnet hat.

Die freundliche Betreiberin Doris bringt Getränke und Suppe für alle.

»Mmhh, lecker!«, rufen Olga und Emma gleichzeitig.

Allmählich wird es dunkel. Aber bevor die Kinder zurückmüssen, gibt es ein Lagerfeuer, das Herr Meier auf dem Sandplatz vor der Hütte anzündet. Dicke Baumstämme ringsum dienen als Bänke.

Doris hat noch eine Überraschung vorbereitet: Stockbrotteig für alle!

Aylin zeigt den Kindern, wie sie den Teig zu einer Rolle formen und auf einen Ast spießen können. Den halten sie dann in die Flammen, bis der Teig knusprig gebacken ist.

Während alle ihr Stockbrot machen, singt Peter lauter Lieder über Tiere. Die Lieder kennen die Kinder schon aus der Kita. So vergeht die Zeit schneller, bis das Stockbrot fertig ist.

»Guckt mal!« Olga zeigt aufgeregt in die Luft. »Da fliegt ein kleiner Vogel. Und noch einer!«

»Das sind keine Vögel, sondern Fledermäuse«, erklärt Herr Meier.

Cem duckt sich und hält schützend den Arm über seinen Kopf. »Das sind Vampire! Die wollen unser Blut trinken«, ruft er ängstlich.

»Ach was!« Aylin lacht. »Das ist doch nur ein Märchen! Fledermäuse trinken kein Blut. Und Vampire gibt es nicht!«

Der Förster nickt. »Fledermäuse fressen Mücken und andere Insekten. Und die Mücken werden gerade vom hellen Feuerschein angelockt. Normalerweise jagen Fledermäuse aber eher an Tümpeln, Teichen und toten Flussarmen. Da flattern sie vom späten Nachmittag an dicht über der Wasseroberfläche auf der Jagd nach Insekten. Wusstet ihr, dass sie keine richtigen

Flügel, sondern eine Flughaut haben, die sie ausspannen und wieder zusammenlegen können?«

Alle hören gespannt zu und schauen immer wieder zu den kleinen, wendigen Tieren.

Plötzlich hupt es leise vom Waldparkplatz. Das ist der kleine Bus, den Aylin bestellt hat, damit er die Kängurus abholt. Auch Doris, Daniela und Cora fahren mit zurück, während sich Herr Meier noch um das Feuer kümmern und einen letzten Rundgang durch den Wald machen will.

Die Kängurus verabschieden sich von Herrn Meier und sind sich einig, dass es ein wunderschöner Ausflug war!

Kennst du dich im Wald gut aus?

Welche Tiere leben im Wald? Kreise sie ein und male das Bild bunt aus.

So viele Bücher!

»Heute besuchen wir Mama!« Emma freut sich und hüpft wie ein Gummiball auf dem Gang herum. Magnus ist es ein bisschen peinlich, dass seine Schwester so aufgeregt ist. Aber insgeheim freut er sich natürlich auch. Denn heute gehen die Kängurus in die Stadtbibliothek. Dort arbeitet Emmas und Magnus' Mutter.

Nach dem Frühstück geht es los – zu Fuß, weil die Stadtbibliothek nicht weit von der Kita entfernt ist.

»Bücher sind langweilig«, erklärt Felix unterwegs. Er hätte viel lieber noch weiter mit dem Feuerwehrauto gespielt.

»Gar nicht wahr!«, widerspricht Emma. »Bücher sind toll!«

»Genau!« Olga nickt. »Meine Mama liest mir und Mara jeden Abend vor. Manchmal macht es auch Stefan, wenn Mama zu müde ist oder sich um Milo kümmern muss.«

Die Stadtbibliothek befindet sich in einem großen, flachen Gebäude. Frau Bernstein, Emmas und Magnus' Mama, begrüßt die Kinder.

»Schön, dass ihr da seid! Schaut euch gerne kurz um für einen ersten Eindruck. In zehn Minuten treffen wir uns wieder, dann erzähle ich euch etwas zur Bücherei und führe euch einmal überall herum.«

Ilai rennt sofort zu den Bilderbuch-Kisten und zieht ein Buch nach dem anderen heraus. Olga muss unbedingt ausprobieren, wie man auf dem großen Sitzsack sitzt. Bao sucht nach Büchern zum Thema Feuerwehr.

Peter führt Anna zu den Bilderbüchern. Ilai rückt ein Stück zur Seite.

Peter zieht ein Fühl-Bilderbuch aus einer großen Kiste. Es ist kunterbunt und manche Oberflächen fühlen sich rau an oder haben Noppen. Andere Flächen sind ganz weich und warm. Anna streicht mit den Fingern über die Seiten.

Sie lacht. »Das Buch kenne ich schon«, sagt sie. »Das habe ich zu Hause.«

Nachdem die Kinder sich umgesehen haben – und Olga und Magnus auf dem Klo waren –, ruft Frau Bernstein die Gruppe zu sich.

»Jetzt mache ich den angekündigten Rundgang mit euch durch die Welt der Bücher«, erzählt sie. »Wir haben jede Menge davon. Für jeden Geschmack und jedes Alter ist etwas dabei. Schon kleine Babys finden bei uns Bücher aus dicker Pappe. Für euch haben wir Bilderbücher und auch Bücher zum Vorlesen.« Sie hält einige Bücher hoch. »Zum Beispiel Gute-Nacht-Geschichten. Oder Abenteuergeschichten. Außerdem gibt es Soundbücher, Sachbücher, Hörbücher und Hörspiele, Kinderbücher mit Schwarz-Weiß-Bildern, Jugendbücher ohne Bilder, Bücher in leichter Sprache und Bücher für Menschen mit Sehbeeinträchtigungen, Zeitschriften, Bücher für Erwachsene, Spiele, Musik und Filme.«

Felix strahlt, als er hört, dass man sich auch Geschichten vorlesen lassen kann.

»Nach dem Rundgang könnt ihr euch so viele Bücher aussuchen, wie ihr wollt. Die nehmen Aylin und Peter mit in die Kita, und ihr könnt sie euch dort ansehen und vorlesen lassen«, erzählt Frau Bernstein weiter.

Bao hat in einer Bilderbuch-Kiste ein Buch mit Feuerwehrautos entdeckt. Das zieht er heraus. Auch Ilai hat das Buch gerade entdeckt und ruft: »Das will ich haben!«.

»Ich habe es zuerst gesehen!«, ruft Bao.

»Stimmt ja gar nicht!« Ilai lässt nicht locker.

Schließlich muss Frau Bernstein eingreifen. »Wir haben noch mehr Bilderbücher über die Feuerwehr! Ihr könnt aufhören, euch zu streiten.« Sie sucht kurz in den Kisten, dann holt sie ein anderes Bilderbuch hervor. Ein knallrotes Feuerwehrauto ist darauf abgebildet.

»Ihr dürft gern beide Bücher mitnehmen«, sagt Frau Bernstein.

Olga hat sich ein Buch über Kaninchen ausgesucht. Anna hat ein weiteres Fühl-Bilderbuch gefunden. Felix schnappt sich ein Buch über Fußball. Emma liebt Märchen und Magnus hat wieder das Buch über Affen aus dem Regal genommen, das er schon oft ausgeliehen hat.

Noah zieht ein Buch mit Löwen heraus und Cem eines mit glitzernden Fischen. Den Kindern, die sich nicht entscheiden können, macht Aylin ein paar Vorschläge. Und Peter hat einige CDs mit Kinderliedern in der Hand.

Frau Bernstein zieht alle ausgewählten Medien über den Scanner – genau wie im Supermarkt. Dann dürfen Aylin und Peter die Bücher und CDs einpacken. Puh, sind die schwer!

Bevor die Kängurus in die Kita zurückgehen, lädt Frau Bernstein sie in die Kuschelecke ein, um ihnen noch eine Geschichte vorzulesen. Die Kinder setzen sich im Halbkreis auf gemütliche Sitzkissen.

Die Geschichte handelt von einem kleinen Bären, der Freundschaft mit einer Biene schließt. Sie wollte ihn eigentlich stechen, weil er ihren Honig geklaut hat. Aber dann hat sie es sich zum Glück doch anders überlegt, und die beiden erleben zusammen allerhand Abenteuer.

Frau Bernstein liest immer ein kurzes Stück, dann hält sie das Buch hoch, damit alle Kinder das dazugehörige Bild sehen können.

Peter erklärt Anna, was auf den Bildern zu sehen ist, denn sie kann nicht alles erkennen.

Aylin nimmt das Buch auch noch mit.

Schon ist der Vormittag zu Ende, und in der Kita wartet das Mittagessen.

»Ich würde mich freuen, wenn ihr bald wiederkommt. Vielleicht auch mit euren Eltern oder Geschwistern«, sagt Frau Bernstein zum Abschied.

Emma muss ihre Mama noch kurz drücken und ihr einen Kuss geben, bevor sich die Känguru-Gruppe wieder auf den Weg macht.

»Gehen wir bald wieder in die Bibliothek?«, fragt Felix auf dem Rückweg und hängt sich an Aylins Arm.

Aylin lacht. »Vielleicht schon nächsten Monat«, sagt sie.

Wo ist was?

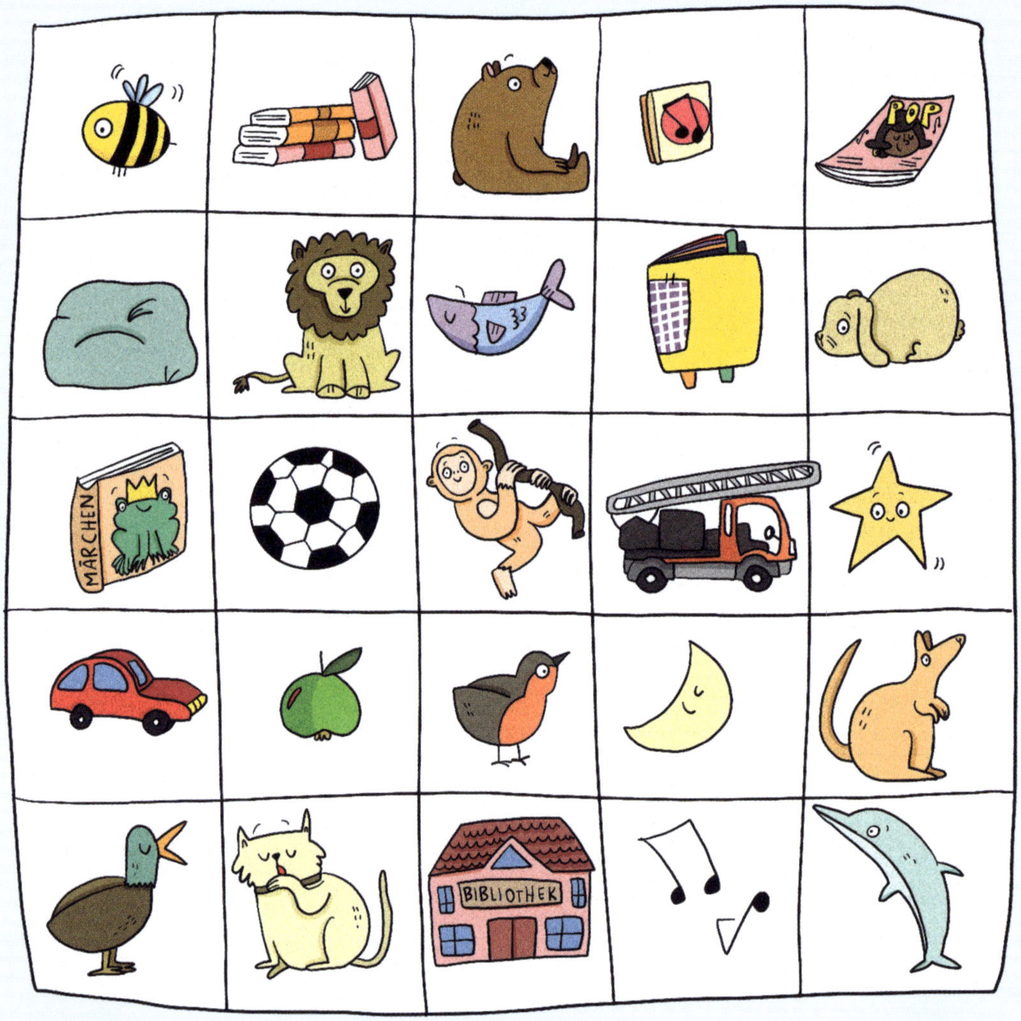

Sucht abwechselnd Bilder aus, auf die alle Mitspielenden blitzschnell tippen müssen. Wer ist am schnellsten?

Hoch hinaus!

Olga schnuppert, als sie die Treppe zum Gruppenraum hinaufsteigt. In der Kita riecht es heute irgendwie anders und trotzdem vertraut: harzig und herb. Nach Holz riecht es – verrät ihr ihre Nase. Aufgeregt und neugierig betritt sie den Werk- und Bastelraum.

»Guten Morgen, Olga! Schön, dass du da bist«, begrüßt Peter sie. »Na, ahnst du es schon? Heute bauen wir mit Holz. Was hättest du lieber? Ein Paar Stelzen oder ein Steckenpferd?«

Olga kann sich nicht entscheiden. Es reizt sie sehr, auf Stelzen zu laufen. Aber sie hätte auch gerne ein Steckenpferd.

»Stelzen«, sagt sie schließlich.

Peter nickt. Bis auf drei Kinder haben sich alle Kängurus für Stelzen entschieden. Die Hölzer liegen schon bereit und müssen nur noch zurechtgesägt werden.

»Bevor es losgeht, werdet ihr alle gemessen, denn die Stelzen müssen etwas größer sein als ihr, damit ihr auf ihnen laufen könnt«, erklärt Aylin.

Ein Känguru nach dem anderen stellt sich an die Messlatte. Aylin schreibt die Größe auf, und Peter rechnet aus, wie lang die Rundhölzer sein müssen. Dann sagt er:

»So, und damit wir die Hölzer nicht verwechseln, markieren wir sie und das Känguru, zu dem sie gehören, mit demselben bunten Klebeband.«

Olga muss lachen, als Aylin einen Streifen Klebeband an ihrem Pulli befestigt.

Mit Bleistift zeichnet Peter die Stellen an, an denen er die Hölzer absägen will. Ilai und Noah schauen genau zu, wie Peter ein Rundholz in den Schraubstock einspannt. Noah darf den Hebel drehen, bis das Holz richtig festsitzt. Dann beginnt Peter zu sägen.

»Ich will auch mal sägen. Ich kann dir doch helfen«, meint Ilai. Peter überlässt ihm die Säge und zeigt ihm, worauf er achten muss.

»Uff, ganz schön schwer.« Ilai bewegt die Säge viermal hin und her, dann gibt er sie Peter zurück. Der hat doch mehr Kraft.

Die Kängurus warten gespannt, bis das Rundholz durchgesägt ist und das Reststück zu Boden fällt. Emma schnappt sich das Stück.

»Daraus lässt sich bestimmt noch etwas basteln«, sagt sie zu Aylin.

Aylin nickt. »Ganz sicher. Die bewahren wir auf und überlegen uns, was wir aus ihnen machen können.«

»Bis ich alle Hölzer gekürzt habe, könnt ihr die schon zugesägten Teile bearbeiten«, schlägt Peter vor. »Bitte reibt sie mit Sandpapier schön glatt. Das ist wichtig, damit ihr euch keine Splitter einfangt.«

Felix und Noah wird das Ganze zu langweilig. Mit zwei Resthölzern fangen sie an zu kämpfen, als wären es Schwerter.

»Ich bin stärker als du!«, ruft Noah und schlägt Felix das Holz aus der Hand.

Aylin schreitet ein. »Stopp, ihr beiden! Keinen Schwertkampf bei den Kängurus. Helft mir stattdessen bitte mit den Pferdeköpfen!«

»Okay«, sagt Felix.

Noah nickt und fragt: »Was sollen wir machen?«

»Die Köpfe verzieren«, antwortet Aylin. Sie hat aus dicker Pappe drei Pferdeköpfe ausgeschnitten und mit Bleistift Augen, Nasenlöcher und Mund vorgezeichnet. Jetzt dürfen Felix und Noah die Umrisse mit schwarzem Wachsstift nachfahren. Felix malt auch noch große schwarze Punkte auf einen Pferdekopf. Denn sein Pferd soll aussehen wie das Pferd von Pippi Langstrumpf. Den Hals beklebt er mit braunen Wollfäden. Das ist die Mähne. Der Pferdekopf bekommt auch einen schönen Pony.

„Ein Pony für mein Pony!", ruft Felix und will sich kaputtlachen.

Auch Anna will lieber ein Steckenpferd als Stelzen. Mit ihren Fingern fährt sie vorsichtig die Umrisse nach. Aylin zeigt ihr, wo sie die schwarzen Knöpfe aufkleben soll, die als Augen dienen.

»Kann mein Pferd auch eine Brille bekommen, damit es so ist wie ich?«, fragt Anna.

»Aber sicher, das ist eine gute Idee.« Aylin malt dem Pferd eine Brille.

Anna sucht sich ganz weiche Wolle aus. Die Mähne ihres Pferdes wird besonders dicht.

Auch Magnus bastelt ein Steckenpferd, während sich Emma für Stelzen entschieden hat.

Inzwischen sind alle Rundhölzer gekürzt und geglättet. Jetzt kommt der schwierige Teil: Die Tritte, auf die man sich stellt, müssen befestigt werden. Peter hat sie schon am letzten Wochenende zurechtgesägt. Nun passt er sie an. Die Kängurus helfen, die Nägel festzuklopfen. Ilai haut sich einmal versehentlich auf den Finger. Das tut weh! Weinend läuft Ilai zu Aylin, die ihn tröstet.

»Lass mich mal deinen Finger sehen, Ilai. So ein Schlag mit dem Hammer tut blöd weh. Das kenne ich vom Renovieren. Zum Glück blutet dein Finger nicht, aber ein Pflaster bekommst du trotzdem. Dann ist die Stelle geschützt.« Aylin klebt ein buntes Pflaster um Ilais Finger.

Ilai ist getröstet. Der Schmerz ist auch schnell vergessen, denn die Stelzen sind fertig. Ilai darf sie gleich als Erster ausprobieren.

Aber puh, das ist eine ganz schön wackelige Angelegenheit! Peter zeigt Ilai, wie es geht, aber Ilai traut sich doch noch nicht richtig.

»Ich warte lieber noch ein Weilchen und sehe erst mal den anderen zu«, erklärt er. »Vielleicht pocht mein Finger dann auch nicht mehr so sehr.«

»Ich will es versuchen«, meldet sich Emma.

»Lehn dich mit dem Rücken an die Wand«, sagt Peter. Er lehnt die Stelzen daneben und führt Emmas Arme, damit sie die Stelzen richtig umfasst. Dann hilft er ihr beim Aufsteigen.

»Ua, ist das ungewohnt!«, keucht Emma, aber sie findet schnell das Gleichgewicht und läuft los. Schon nach ein paar Schritten braucht sie Peters Hilfe nicht mehr. Ihr Gesicht wird rot, so sehr strengt sie sich an. Schließlich kann sie nicht mehr und springt ab.

Die anderen Kinder klatschen begeistert.

»Toll gemacht, Emma!«, rufen Aylin und Peter.

Emma erzählt, dass sie schon einmal bei ihrer Cousine auf Stelzen gelaufen ist. Darum hat es auch gleich so prima geklappt.

Jetzt können es die anderen kaum noch erwarten. Nicht bei allen klappt es so gut wie bei Emma.

»Verdammter Mist, ich kann das einfach nicht! Emma, wie hast du das genau gemacht? Kannst du es mir noch einmal zeigen?«, fragt Noah.

»Natürlich kannst du es«, sagt Emma zu ihm. »Du brauchst nur etwas Geduld. Bei mir hat es auch nicht beim ersten Mal geklappt. Und du darfst nicht stehen bleiben.«

Olga läuft stolz quer durch den Raum. Dann verliert sie das Gleichgewicht und fällt hin. Auch sie braucht ein Pflaster für ihr Knie.

Mit viel Geduld und vielen guten Tipps helfen Aylin und Peter den Kindern immer wieder beim Aufsteigen.

»Weg da, Platz da, aus dem Weg! Mein Pferd ist schnell wie der Wind!«, juchzt Anna plötzlich. Und tatsächlich galoppieren nun auch drei Steckenpferde mit ihren Reitern und ihrer Reiterin quer durch den Raum und wiehern schrill. Mit ihren wehenden Mähnen und dem Geschnaube von Anna, Magnus und Felix wirken die Steckenpferde fast lebendig. Die drei haben einen Riesenspaß.

»Bahn frei für die drei Wildpferde!«, ruft Felix laut. Und Anna und Magnus wiehern zustimmend.

Die Kängurus sind so stolz, als sie am späten Nachmittag von ihren Eltern abgeholt werden. Alle Stelzen-Kinder haben gelernt, auf ihren Hölzern zu laufen. Zu Hause wollen sie weiterüben.

»Rückwärts laufen nicht vergessen!«, sagt Aylin lachend zu ihnen.

Auch die Pferde-Kinder sind glücklich, besonders Anna. Sie streichelt immer wieder die weiche Mähne ihres Pferdes.

»So ein schönes Pferd!«, bewundert Annas Mutter das Steckenpferd.

Anna nickt. Dann reckt sie sich und flüstert ihrer Mama ins Ohr: »Es heißt Falada!«

Bastele dein eigenes Steckenpferd!

Du brauchst:
- Dicke Pappe/Fotokarton
- Bleistift
- Schere
- Filzstifte oder Wachsmalstifte
- Krepppapier oder Wolle als Mähne
- Klebestift
- Doppelseitiges Klebeband
- 1 Rundstab (ca. 5 mm Durchmesser)

So geht's:

1. Bitte eine*n Erwachsene*n, die Vorlage für den Pferdekopf mit einem Kopierer zu vergrößern, und übertrage die Vorlage 2 Mal auf deine Pappe/deinen Fotokarton.
2. Schneide den Pferdekopf aus.
3. Male Nüstern und Augen auf und gestalte dein Steckenpferd, so wie es dir gefällt.
4. Gestalte aus Krepppapier oder Wollfäden die Mähne und klebe sie an den Innenseiten der Steckenpferdköpfe fest.
5. Befestige den Stab am Hals eines Steckenpferdkopfes und klebe anschließend beide Köpfe zusammen.

Besuch von der Polizei

»Guten Morgen, liebe Kängurus! Heute gehen wir gleich nach dem Morgenkreis in den Turnsaal«, begrüßt Aylin die Känguru-Gruppe.

Und so stürmen die Kinder keine halbe Stunde später johlend in die Turnhalle.

Aber nanu, wie sieht es denn hier aus?

Aylin und Peter haben schwarze Teppiche ausgerollt und in der Mitte lauter weiße Streifen aufgeklebt.

»Soll das eine Straße sein?«, ruft Olga.

»Genau«, antwortet Aylin und lacht. »Ihr wisst ja, dass heute Nachmittag eine Polizistin und ein Polizist zu uns kommen, um mit euch euren zukünftigen Schulweg zu gehen. Und hier können wir schon einmal üben, eine Straße zu überqueren.«

Ein paar Spielzeugkisten an der Seite sollen parkende Autos sein.

Peter hat sich einen großen Karton vor den Bauch gebunden. »Ich bin ein Müllauto«, erklärt er und läuft brummend den Teppich entlang.

»Was ist die wichtigste Regel, wenn man über eine Straße will?«, fragt Aylin die Kinder.

Bao meldet sich. »Erst links schauen, dann rechts schauen und dann wieder links.«

»Richtig.« Aylin nickt. »Aber wisst ihr auch, wo links ist?«

Jetzt wird es schwierig. Olga ist sich nicht sicher. Wo war schnell wieder rechts und wo links?

»Hier ist links«, ruft Anna und hebt den linken Arm.

Die anderen sind noch nicht so sicher, wo rechts und links ist.

»Kängurus, aufgepasst!«, ruft Peter. »Damit ihr heute nicht lange überlegen müsst, wo eure linke Pfote ist, bekommt ihr alle von mir ein Links-Armband.«

Es ist nur ein einfaches Haargummi, das er den Kindern über das linke Handgelenk streift. Aber jetzt wissen alle, wo links ist, ohne dass sie lange nachdenken müssen.

Olga zupft an ihrem Gummi. Irgendwann wäre ihr auch wieder eingefallen, wo links ist, aber auf diese Weise geht es einfach schneller.

Felix und Magnus sollen die Straße überqueren. Vorsichtig schieben sie sich zwischen den Spielzeugkisten nach vorne.

»Nach links schauen, nach rechts schauen«, ruft Aylin. »Dann wieder links.«

»Frei!«, schreit Felix und will losrennen.

Doch von links kommt Peter, das Müllauto, angesaust. Magnus reißt Felix schnell zurück, und Peter düst vor den beiden Jungen vorbei.

»Gerade noch einmal gut gegangen«, meint Aylin. »Felix, hast du Peter denn nicht gesehen?«

»Ich hatte vergessen, dass er ein Müllauto ist«, antwortet Felix kleinlaut.

Jetzt üben auch die anderen Kinder. Peter kommt mal von der einen, mal von der anderen Seite. Die Kinder dürfen erst gehen, wenn die Straße frei ist.

»Links schauen, rechts schauen, dann noch einmal links«, ruft Aylin immer wieder.

»Davon träume ich heute Nacht bestimmt: links, rechts, links. Links, rechts, links«, meint Olga und lacht.

Nach dem Mittagessen kommt endlich der lang ersehnte Besuch: die Polizistin Eva und der Polizist Ahmet.

Die Kängurus bestürmen die beiden sofort mit Fragen.

»Hast du deine Pistole dabei?«, will Emma wissen.

»Heute nicht«, antwortet Eva lächelnd.

»Hast du schon einmal einen Bankräuber gefangen?«, fragt Cem.

»Leider noch nicht«, erwidert Ahmet.

»Bei uns war aber schon mal ein Räuber«, erzählt Felix. »Der Räuber Hotzenplotz!«

Die Kinder lachen.

»Wir haben uns letztes Jahr das Theaterstück angesehen«, erklärt Aylin.

Auch Ahmet lacht und sagt: »Heute sind wir aber nicht hier, um Räuber zu fangen, sondern um euch zu erklären, wie man sich im Verkehr richtig verhält.«

»Kann mir jemand sagen, was ein Zebrastreifen ist?«, fragt Eva.

Anna weiß es. »Das sind dicke weiße Streifen auf der Straße.«

»Richtig, Und ist der Zebrastreifen nur für Zebras da?«, fragt Eva weiter.

»Nein, auch für Kängurus«, ruft Cem und zeigt, wie gut er hüpfen kann. Die anderen Kinder lachen und hüpfen ebenfalls los.

Aylin, Peter, Eva und Ahmet warten, bis sich alle wieder beruhigt haben.

»Wozu gibt es Zebrastreifen?«, fragt Ahmet.

Olga hebt die Hand. »Damit die Autos langsam fahren und anhalten, wenn jemand über die Straße will«, sagt sie.

»Richtig.« Ahmet nickt. »Wenn du eine Straße überqueren willst, benutzt du am besten einen Zebrastreifen. Oder eine Ampel. Und wenn es nichts von beidem gibt, was tut ihr dann?«

»Erst links schauen, dann rechts schauen und dann noch mal links«, rufen die Kinder im Chor.

»Das haben wir heute Vormittag schon geübt«, erklärt Aylin.

»Prima«, meint Eva. »Dann können wir ja gleich los und euch den Weg von hier zur Schule zeigen.«

Die Kängurus ziehen schnell ihre Schuhe und ihre Jacken an. Dann geht es hinaus ins Freie.

In Zweierreihen marschieren die Kinder los und achten darauf, dass sie auf dem Gehsteig bleiben. Heute hält Aylin Anna an der Hand.

Anna erzählt, dass sie schon ein paar Mal mit ihrer Hündin Cora und der Hundeführerin Daniela geübt hat, die Straße zu überqueren.

»Aber es wird noch lange dauern, bis ich allein mit Cora gehen darf. Dabei kann ich es kaum noch erwarten«, sagt Anna.

Jetzt kommt die erste Kreuzung. Zur Schule geht es geradeaus. An dieser Stelle gibt es leider keinen Zebrastreifen und keine Ampel.

»Links schauen, rechts schauen, dann wieder nach links«, ruft Ahmet.

Die Straße ist frei, und die Kinder können sie überqueren.

Weiter geht es durch die Fußgängerzone. Hier dürfen keine Autos und Fahrräder fahren. Viele Leute sind unterwegs, die in den Geschäften einkaufen wollen.

Die Kängurus biegen nach rechts in eine schmale Seitenstraße ab. Dort endet nach wenigen Metern die Fußgängerzone. Aber gleich links ist eine Ampel. Man muss auf einen Knopf drücken, damit für die Fußgänger das grüne Männlein erscheint.

Olga drückt. Gleich darauf ertönt ein lautes Ticken.

»Das ist das Zeichen für mich, damit ich weiß, dass ich noch nicht losgehen darf«, sagt Anna zu Eva und Ahmet. »Die anderen Kängurus kennen das auch schon. Das hab ich ihnen nämlich erklärt.«

Wenig später wird es grün, und gleichzeitig verändert sich das Ticken zu einem Piepen.

»Jetzt dürfen wir gehen«, ruft Olga und will schon losstürmen.

»Stopp!«, ruft Eva. Sie erklärt den Kindern, dass sie auch an der Ampel und am Zebrastreifen nicht einfach loslaufen sollen. »Seht sicherheitshalber noch mal schnell links und nach rechts«, meint sie. »Denn leider passen nicht alle Autofahrerinnen und Autofahrer auf. Und besser einmal zu viel schauen als einmal zu wenig.«

Die Kinder nicken. Das haben sie verstanden.

Jetzt ist es nicht mehr weit zur Schule. Nach ein paar Metern erreichen sie das Schultor. Olga und die anderen schauen sehnsüchtig zu dem großen Gebäude. Wenn sie doch schon Schulkinder wären!

Aber sooooo lange dauert es auch nicht mehr. Zum Glück!

Nachdem die Kängurus wieder zur Kita zurückgekehrt sind, haben Eva und Ahmet noch eine Überraschung für sie. Wer will, darf eine Runde im Polizeiauto mitfahren! Klar, dass alle wollen!

Olga findet, dass die Fahrt im Polizeiauto das Beste am ganzen Tag ist. Aber Peter als Müllauto war auch ziemlich cool!

Fit für den Straßenverkehr

Kennst du dich gut aus im Straßenverkehr?

1. Mit welchem Tier haben die weißen Streifen auf der Fahrbahn zu tun? Kreuze an!

2. Was musst du immer machen, bevor du eine Straße überquerst?
   1. Nach links, nach rechts und noch einmal nach links schauen
   2. Drei Mal in die Luft hopsen
   3. Nach oben und nach unten schauen

3. Male die Ampel mit den richtigen Farben aus!

Gespenst im Doppelpack

»Du bist ein tolles Gespenst«, sagt Mama zu Emma.

Emma dreht sich stolz vor dem Spiegel. Sie gefällt sich. Das weiße Kleid reicht bis zum Boden. Es glänzt geheimnisvoll. Auf dem Stoff sind lauter schwarze Spinnweben aufgemalt.

Mama hat Emma gruselig geschminkt. In der Kita gibt es eine Party, und alle Kängurus dürfen sich verkleiden.

»Ja, du siehst zum Anbeißen aus«, grinst Emmas Zwillingsbruder Magnus. Er geht als Vampir. Auf die Idee haben ihn die Fledermäuse neulich im Wald gebracht. Magnus trägt eine dunkle Hose und ein schwarzes Shirt und außerdem einen schwarzen Umhang, der innen rot gefüttert ist. Mama hat Magnus auch geschminkt. Seine Lippen sind dunkelrot, und Mama hat ihm auch noch ein paar Blutstropfen in die Mundwinkel gemalt. Eigentlich wollte Magnus noch ein Vampirgebiss in den Mund nehmen. Aber das hält er nicht aus, weil es so zwackt und kratzt und er es darum immer wieder ausspucken muss.

»Macht nichts«, meint Mama. »Du siehst auch so wie ein echter Vampir aus.«

»Und ich wie ein echtes Gespenst«, fügt Emma hinzu.

Mama bringt Emma und Magnus wie jeden Morgen in die Kita. Doch heute ist alles anders, das merken sie schon am Eingang. Überall hängen Fledermäuse aus schwarzem Tonpapier. Orange und gelb leuchten Lichterketten mit kleinen Kürbissen. Es gibt Spinnweben aus dicken Wollfäden. Und im Flur tummeln sich lauter verkleidete Kängurus!

Olga ist eine Meerjungfrau. Sie kann nur kleine Trippelschritte machen wegen des Fischschwanzes. Ein Fischernetz hängt über ihren Schultern, daran sind Seesterne und Muscheln befestigt.

»Du siehst wunderschön aus, Olga!«, schwärmt Emma.

»Du aber auch«, gibt Olga zurück.

Emma will gerade zur Treppe gehen, die in den Gruppenraum hinaufführt. Da erstarrt sie.

Vor ihr steht Aminata. Sie trägt ein langes weißes Kleid mit schwarzen Spinnweben. Und ihr Gesicht ist ebenfalls gruselig geschminkt. Emma kommt es vor, als würde sie sich im Spiegel erblicken.

»Du siehst ja aus wie ich!«, sagen beide Mädchen gleichzeitig.

Emma schießen die Tränen in die Augen. Sie war so stolz auf ihr Kostüm und wollte etwas Besonderes sein. Aber jetzt hat Aminata das gleiche Kostüm an und ist auch ein Gespenst.

»Komm, Emma, lass uns raufgehen«, sagt Aylin, die gerade aus der Küche gekommen ist.

Aber Emma schüttelt den Kopf. »Ich will wieder nach Hause«, murmelt sie ganz leise.

»Warum denn das?« Aylin geht in die Knie und schaut Emma an. »Du hast ja ganz feuchte Augen. Was ist los?«

Emma kann nicht antworten. Ihr Mund weigert sich einfach. Es ist so schrecklich. Sie hat sich so auf die Party gefreut, und jetzt ist alles verdorben.

»Ich glaube, ich weiß, was los ist.« Magnus blickt zu Aminata, die sich neben der Treppe versteckt. »Emma ärgert sich, weil sie so aussieht wie Aminata.«

Emma schluckt und blinzelt heftig. Aber sie kann nicht verhindern, dass eine Träne über ihr Gesicht rollt.

Auch Aminata in ihrem Versteck ist nicht besonders glücklich und würde sich am liebsten in Luft auflösen. Dass Emma sich auch als Gespenst verkleidet hat, findet sie gar nicht so schlimm, sondern sogar irgendwie lustig. Aber dass Aylin, Emma und Magnus sie alle so gründlich ansehen, ist ihr entsetzlich unangenehm.

Aylin nickt Aminata aufmunternd zu und winkt sie lächelnd zu sich heran. Zögernd kommt Aminata aus ihrem Versteck und ergreift Aylins ausgestreckte Hand.

»Heute gibt es bei uns Gespensterzwillinge«, sagt Aylin. »Das ist etwas ganz Besonderes!«

Emma schnieft. Gespensterzwillinge? Das klingt gut! Sie findet es ja auch prima, dass Magnus ihr Zwillingsbruder ist. Na ja, jedenfalls meistens.

Langsam kommt Emmas Stimme wieder. »Dann ist Aminata heute meine Gespenster…« Gespensterzwillingsschwester will Emma sagen. Aber aus ihrem Mund kommt: »Gespensterschwesterzwilling.«

Aminata muss lachen und macht mit dem Wörter-Quatsch weiter: »… dein Zwillingsschwestergespenst.«

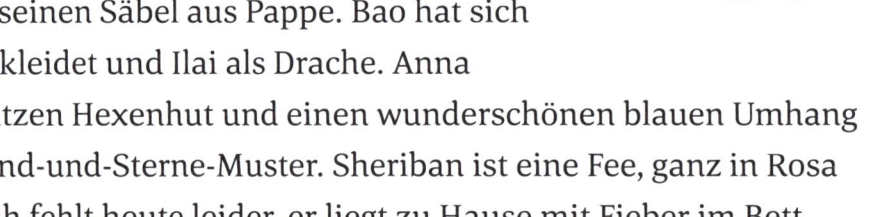

Emma muss auch lachen. Die beiden Mädchen haken sich unter und dann gehen die Gespensterschwestern die Treppe hinauf. Magnus und Aylin folgen ihnen.

Im Gruppenraum ist schon mächtig viel los. Auch hier wimmelt es von Fledermäusen, Geistern und Kürbissen aus buntem Tonpapier und verkleideten Kindern.

Auf Cems Anzug ist ein Skelett aufgedruckt, das im Dunkeln leuchtet. Felix ist als Pirat gekommen und schwingt seinen Säbel aus Pappe. Bao hat sich als Kobold verkleidet und Ilai als Drache. Anna trägt einen spitzen Hexenhut und einen wunderschönen blauen Umhang mit einem Mond-und-Sterne-Muster. Sheriban ist eine Fee, ganz in Rosa gekleidet. Noah fehlt heute leider, er liegt zu Hause mit Fieber im Bett.

Auch Peter und Aylin haben sich verkleidet: Aylin als uralte Wahrsagerin. Sie hat sich Falten ins Gesicht gemalt, trägt ein grün-goldenes Kleid und viele glitzernde Ketten. Auf ihrer Schulter sitzt ein Rabe aus Pappe. Peter ist ein

Zauberer, er trägt einen spitzen Hut wie Anna. Ansonsten sieht er aus wie immer: Jeans und Shirt.

»Wo ist denn dein Zauberstab, Peter?« fragt Emma. Sie findet, Peter hätte sich ein bisschen mehr Mühe geben sollen beim Verkleiden.

»Einen Zauberstab habe ich nicht, aber eine Zaubergitarre«, antwortet Peter lachend. »Und ich habe extra für heute ein neues Lied gedichtet.« Er greift nach seiner Gitarre und schlägt ein paar Akkorde an. Dann zupft er einzelne Saiten und eine schräge Melodie erklingt. Dazu singt Peter mit geheimnisvoll-düsterer Stimme:

„Geht nicht raus, denn vor dem Fenster
toben schreckliche Gespenster.
Hexen lachen in der Nacht,
Kinder, nehmt euch heut' in Acht!"

Dann wird die Melodie lauter und fröhlicher und Peter beginnt zu rappen:

„Wir sind Kängurus, wir haben keine Bange!
Die Geister sind nicht echt, das wissen wir schon lange
Wir sind die Kängurus, die Kängurus,
und erschrecken jeden Geist mit lauten BUHs!"

Binnen weniger Minuten haben die Kängurus das Lied gelernt und singen begeistert mit.

Anschließend spielen sie. Jetzt kommt die Musik aus dem CD-Player. Bei *Die Reise nach Jerusalem* muss sich jedes Kind so schnell wie möglich auf einen Stuhl setzen, sobald die Musik stoppt. Allerdings gibt es einen Stuhl zu wenig. Wer keinen Stuhl abbekommt, scheidet aus. Nach jedem Stopp wird ein weiterer Stuhl weggenommen. Das Känguru, das den letzten Stuhl ergattert, hat gewonnen.

Es gibt viel Gelächter und Gekreische. Emma ist schnell und findet jedes Mal einen Platz. Genau wie Aminata. Die beiden Mädchen sitzen schließlich auf den letzten beiden Stühlen. Magnus hat tapfer mitgehalten, aber auch er musste in der vorletzten Runde leider ausscheiden.

Aber anstatt noch einen Stuhl wegzunehmen, erklärt Aylin Emma und Aminata beide zu Siegerinnen.

»Heute hat unser Gespensterpärchen gewonnen«, ruft sie. »Die unschlagbaren Zwillingsschwestern Emma und Aminata! Bitte einen Extra-Applaus für unsere Gespenster im Doppelpack!«

Die Kinder klatschen.

Später gibt es leckere Häppchen, die lustig aussehen: Mumien-Würstchen, Mini-Besen mit Käsestreifen als Borsten, schaurige Gespenster-Küchlein am Stiel und gruselige Spinnenkekse.

Alle sind sich beim Abschied einig, dass es eine tolle Party war. Schade nur, dass Noah sie verpasst hat. Aber morgen wollen sie alle zusammen ein großes Bild von ihrem Fest für Noah malen und es ihm nach Hause schicken.

Gruselalarm!

1. Es spukt bei den Kängurus! Die Kinder geistern verkleidet durch den Gruppenraum. Wer versteckt sich unter welchem Kostüm? Folge den Fäden!

2. Entdeckst du die 5 Unterschiede zwischen den Bildern? Kreise sie ein!

Mein Wackelzahn, dein Wackelzahn

Schon seit Tagen sitzt Cem oft still auf seinem Stuhl und befühlt seinen Wackelzahn. Und heute Morgen ist es so weit: Er kommt in die Kita und zeigt allen voller Stolz seine Zahnlücke.

»Super!«, ruft Aylin. »Wann ist dein Zahn denn herausgefallen?«

»Gestern Abend«, antwortet Cem und hat vor Aufregung ganz rote Wangen. »Beim Zähneputzen. Plötzlich war der Zahn draußen! Einfach so!«

»Was hast du mit dem Zahn gemacht?«, will Emma wissen. »Hast du ihn unter dein Kopfkissen gelegt?«

Cem nickt. »Genau.«

»Ist denn die Zahnfee zu dir gekommen?«, fragt Peter.

Cem nickt wieder. »Eigentlich wollte ich wachbleiben, damit ich sie nicht verpasse. Aber dann bin ich doch eingeschlafen. Leider.« Er muss Luft holen. »Heute Morgen lag dann ein kleines Büchlein unter meinem Kissen, und der Zahn war weg.« Seine Augen leuchten. »Ich hätte so gerne gewusst, wie die Zahnfee aussieht. Aber vielleicht klappt es ja beim nächsten Mal.«

Die Kängurus sind sehr beeindruckt. Immer wieder muss Cem seinen Mund aufmachen und die Lücke zeigen.

Nur Aminata steht ein wenig abseits und tastet mit ihrer Zunge im Mund herum. Bei ihr wackelt noch kein einziger Zahn, dabei ist sie eine Woche älter als Cem. Wie ungerecht! Sie möchte so gern auch ihre erste Zahnlücke haben. Und der Zahnfee würde sie auch gerne begegnen! Wie die Fee wohl aussieht? Vielleicht wie Mama? Oder eher wie ein durchsichtiger Geist? Und ob die Zahnfee Aminata auch ein Büchlein schenken würde?

Beim Mittagessen dreht sich immer noch alles um Zähne.

Bei verschiedenen Kängurus wackeln schon welche. Aminata wird immer trauriger. Wahrscheinlich bekomme ich nie, nie, nie Erwachsenenzähne, denkt sie unglücklich. Vielleicht bin ich die Einzige, die in die Schule kommt und noch alle Milchzähne hat!

Nach dem Essen gehen die Kinder in den Gruppenraum zurück. Noah will noch einmal ganz genau von Cem wissen, wie der Zahn ausgefallen ist.

»Ist er von allein ausgefallen, oder hast du mit der Zunge gedrückt und geschoben?«

»Es ist beim Zähneputzen passiert, das habe ich doch schon erzählt«, antwortet Cem.

Aber Noah ist immer noch neugierig. »Und war die Stelle hinterher ganz weich? Hat es wehgetan und sehr nach Blut geschmeckt?«, fragt er weiter.

»Blut, iiiih!«, ruft Felix dazwischen.

»Es hat nur ein bisschen geblutet«, antwortet Cem. Und dann erzählt er, wie er den Zahn seinen Eltern und seinen Geschwistern gezeigt hat. Er ist selbst überrascht, dass er so viel redet. Denn eigentlich gehört er eher zu den Kängurus, die lieber zuhören als reden.

Dafür ist Aminata heute ganz still. Als sich die Kängurus etwas später an den Tisch setzen und mit bunter Knete Figuren formen, sagt sie kaum etwas. Dabei knetet Aminata normalerweise gern. Aber heute kann sie nur daran denken, dass bei ihr noch kein Zahn wackelt. Sie wird bestimmt nie wissen, wie sich die erste Zahnlücke anfühlt – oder ein Erwachsenenzahn. Plötzlich hat sie eine Idee. Sie nimmt ein winziges Stück von der weißen Knetmasse und formt etwas ganz Kleines. Es sieht fast aus wie eine Perle. Damit läuft Anna zu Aylin.

»Schau mal, Aylin! Ich habe auch einen Zahn verloren, genau wie Cem! Den kann ich heute Nacht auch für die Zahnfee unter mein Kopfkissen legen.«

Da rutscht ihr der Knetezahn vor lauter Aufregung aus der Hand und fällt auf den Boden. Und jetzt kommt auch ausgerechnet noch Felix vorbei und tritt mit seinem linken Hausschuh darauf.

»Mein Zahn!«, ruft Animata erschrocken.

Felix ist auch erschrocken und hebt den linken Fuß. Auf der Schuhsohle klebt ein plattes Stück weiße Knete.

»Aha, das ist also dein Zahn, Aminata«, sagt Aylin.

Aminata senkt den Kopf.

»Komm mal her zu mir«, sagt Aylin sanft und breitet die Arme aus. Aminata klettert auf Aylins Schoß und drückt sich ganz fest an Aylin. Dann gibt sie zu, dass sie den falschen Zahn aus Knete geformt hat.

»Ich wollte doch auch nur meinen ersten Erwachsenenzahn bekommen«, sagt sie leise.

»Und den bekommst du auch, das verspreche ich dir«, sagt Aylin.

»Ehrenwort?«, fragt Aminata.

»Ehrenwort«, antwortet Aylin.

Das tröstet Aminata ein bisschen.

»Wisst ihr was, Kängurus? Der Zahn aus Knete war eine prima Anregung«, sagt Peter. »Was haltet ihr davon, kleine Mäuse mit noch kleineren Mäusezähnen zu kneten? Die Mäuse halten ihren ersten ausgefallen Zahn in der Pfote, um ihn ihren Eltern zu zeigen und der Mäusezahnfee unter ihr Bett aus Heu zu legen?«

Alle Kängurus sind begeistert und kneten lauter kleine Mäuse in ganz verschiedenen Farben. Alle Mäuse tragen einen klitzekleinen Zahn davon.

Auf dem Heimweg hält Aminata ihre kleine Maus aus grüner Knete vorsichtig in der Hand. Vielleicht ist es ja eine Zaubermaus? Denn abends beim Zähneputzen stellt Aminata fest, dass einer ihrer Schneidezähne wackelt. Zwar nur ein kleines bisschen, aber ganz eindeutig! Hurra!
 Stolz zeigt Aminata den Wackelzahn ihren Eltern. Sie freut sich riesig, denn bald wird auch sie einen Erwachsenenzahn haben – und ein kleines Geschenk von der Zahnfee bekommen!
 »Danke, liebe Zaubermaus«, sagt Animata vor dem Schlafengehen zu der grünen Knetemaus, die auf ihrem Nachttisch sitzt. »Gute Nacht!«
 Dann klettert sie glücklich ins Bett und wartet darauf, dass Papa kommt und ihr eine Gute-Nacht-Geschichte vorliest.

So macht Zähneputzen Spaß!

Damit deine Zähne gesund bleiben, ist es wichtig, sie nach dem Frühstück und vor dem Schlafengehen je 3 Minuten ganz gründlich zu putzen!

Am besten machst du das mit der KAI-Methode: Putze zuerst die **K**auflächen, dann die **A**ußenseite und anschließend die **I**nnenseite. Lass dir dabei von deinen Eltern helfen.

Mit Zahnseide kannst du Essensreste aus den engen Zahnzwischenräumen entfernen. Das ist gar nicht schwer! Deine Zahnärztin oder dein Zahnarzt zeigen dir gerne, wie das funktioniert.

Zucker haftet besonders gut an den Zähnen. Er versteckt sich nicht nur in Süßigkeiten, sondern auch in vielen anderen Lebensmitteln und Getränken. Deswegen solltest du nach dem Zähneputzen abends nichts mehr essen und nur noch Wasser trinken.

Zwei Kängurus im Wasser

Erzählt von Imke Sörensen

Ilai liegt mit geschlossenen Augen im Bett und träumt. Er träumt von glitzerndem Wasser in einer Bucht mit unzähligen silbernen kleinen Fischen darin. Die Bucht liegt weit, weit weg und Ilai kennt sie bisher nur aus den Geschichten seines Großvaters. Der ist nämlich in einem Dorf an der Bucht aufgewachsen und für sein Leben gern geschwommen.

Auch Ilai möchte einmal dorthin und mit den Fischen schwimmen. Das ist sein absoluter Lieblingstraum. Immer, wenn er nicht schlafen kann oder etwas sehr aufregend war, denkt Ilai an diese Bucht, und dann geht es ihm gleich besser.

Darum stürmt er auch wie ein Wirbelwind zu seiner großen Schwester Naghmeh, als sie ihn heute von der Kita abholt.

»Naghmeh, Naghmeh, guck mal! Das hat Peter heute verteilt. Der Umbau vom Schwimmbad ist fertig.

Nun kann ich endlich mein Seepferdchen machen. Ist das nicht toll?«, ruft Ilai atemlos.

Naghmeh weiß genau, wie gern Ilai schwimmen lernen möchte, und freut sich mit ihm.

Beim Abendessen redet Ilai von nichts anderem als dem Schwimmkurs. Er ist ganz zappelig vor Aufregung.

Zum Glück finden seine Eltern die Idee mit dem Schwimmkurs genauso gut wie Ilai und versprechen, ihn noch in dieser Woche anzumelden.

»Das muss ich unbedingt Opa erzählen!«, sagt Ilai. »Darf ich ihn vor dem Schlafengehen noch kurz anrufen? Er freut sich bestimmt auch darüber, dass ich bald schwimmen kann.«

Er darf – und Ilais Opa ist so begeistert wie Ilai selbst.

Am nächsten Morgen kann Ilai es kaum erwarten, die Neuigkeit in der Kita zu erzählen.

»Ich mach einen Schwimmkurs!«, verkündet er strahlend im Morgenkreis.

»Super! Ich auch. Dann können wir doch zusammen hin«, freut sich Bao.

Die beiden klatschen sich ab. Bis zur ersten Schwimmstunde dauert es aber noch zwei Wochen. Während dieser Zeit fangen Ilai und Bao schon mal an, die Baderegeln zu lernen. Immer, wenn sie sich über den Weg laufen, stellt einer dem anderen eine Frage. Das klappt ziemlich gut.

»Wie weit dürfen Nichtschwimmer ins Wasser?«, fragt Bao zum Beispiel auf dem Weg in die Turnhalle

»Nur bis zur Brust«, antwortet Ilai.

Bald können alle Kängurus die Baderegeln, selbst die, die keinen Schwimmkurs machen wollen.

Endlich ist der große Tag da: Die erste Schwimmstunde steht an.

»Hast du alles gepackt, Ilai?«, fragt sein Papa, bevor sie zum Schwimmbad aufbrechen.

»Ja, Badehose, Handtuch, Duschgel und Kamm. Alles da«, antwortet Ilai.

»Na, dann es ja losgehen. Also auf zum großen Schwimmabenteuer«, sagt sein Papa.

In der Schwimmhalle gehen Ilai und sein Vater in den Umkleidebereich. Ilai zieht seine Badehose an und sein Papa schließt Ilais Schwimmtasche und Kleidung in ein Schließfach.

Bevor Ilai in die Schwimmhalle geht, muss er sich erst einmal abduschen.

Der Treffpunkt für den Schwimmkurs ist das Nichtschwimmerbecken. Dort steht auch schon Bao mit einigen anderen Kindern und lacht ihm entgegen. Und ihr Schwimmlehrerteam, eine Frau und ein Mann, steht auch schon da.

»Hallo, du bist Ilai, oder? Ich glaube, damit sind wir vollzählig«, begrüßt ihn die Schwimmlehrerin.

Iliai nickt. Er ist ziemlich aufgeregt.

Der Schwimmlehrer schaut in die Runde und lächelt freundlich. »Herzlich willkommen im Schwimmkurs für das Seepferdchen-Abzeichen. Ich bin Tom und das ist Julie und wir freuen uns beide darauf, euch das Schwimmen beizubringen. In unserem Schwimmkurs braucht ihr keine Schwimmflügel.«

»Genau«, ergänzt Julie. »Und heute wollen wir euch erst einmal ein Gefühl für das Wasser vermitteln. Es wird also noch nicht geschwommen, sondern erst einmal nur gehüpft, gestrampelt, geplanscht und gegangen, damit ihr euch im Wasser bewegt und feststellt, wie sich das anfühlt.«

Ilai findet, dass es sich toll anfühlt – und die Stunde viel zu schnell vorbei ist.

Eine Woche später bekommen die Kinder Schwimmnudeln von Tom und Julie und sollen sie erst einmal ausprobieren und sich mit den Füßen auf sie stellen oder auf ihnen reiten.

»Die sind ganz schön glitschig, oder?«, fragt Bao, nachdem er von seiner Nudel gerutscht und ins Wasser geplumpst ist. Aber er grinst dabei vergnügt.

»Ja, die flutschen einem immer wieder weg«, nickt Ilai.

Nach einer Weile klatscht Julie in die Hände und sagt: »So und jetzt versucht mal, auf euren Schwimmnudeln durchs Wasser zu gleiten. Dazu könnt ihr sie euch unter die Brust oder unter den Nacken legen. Ich mache beides einmal vor.«

Alle Kinder probieren das Gleiten. Julie und Tom helfen ihnen, wenn es noch nicht so gut klappt.

In der nächsten Stunde üben sie erste Schwimmbewegungen, damit sie im Wasser vorwärtskommen. Dabei benutzen sie zum ersten Mal auch Schwimmbretter. Die sind praktisch, denn so kann Ilai erst einmal nur die Beinbewegungen üben.

Danach sind dann Arme und Beine gleichzeitig dran.

»Das ist gar nicht so leicht, wie es aussieht«, keucht Ilai und wundert sich, wie warm ihm beim Schwimmen wird. Aber je öfter er es versucht, umso besser funktioniert es.

»Schluss mit dem Lernen für heute! Die letzten zehn Minuten sind wie immer zum Toben da«, ruft Tom.

»Und zum Tauchen!«, ruft Ilai. Denn das kann er schon richtig gut und es macht ihm Riesenspaß. Außerdem braucht er es natürlich für später, damit er die Fische in der Bucht sehen kann.

Auch Bao taucht begeistert und die beiden werfen oft Ringe ins Wasser, die sie dann vom Beckenboden hochholen.

Bald können Ilai und Bao schon eine halbe Bahn im Nichtschwimmerbecken schwimmen. Aber für das Seepferdchen müssen sie eine ganze Bahn im tiefen Schwimmerbecken schaffen.

»Heute wechseln wir ins große Becken«, erklärt Julie in der nächsten Stunde. »Erst einmal übt ihr nur das Springen ins tiefe Wasser vom Beckenrand und schwimmt anschließend die kurze Strecke zur Treppe. Das sind nur drei Schwimmzüge. Nachdem ihr das geübt habt, könnt ihr euch an einer halben Bahn im tiefen Wasser versuchen.«

Ins Wasser zu springen, unter Wasser zu tauchen und zu schwimmen, all das fühlt sich ganz wunderbar an, findet Ilai. Er ist glücklich und fühlt sich wohl und entspannt. Sogar im tiefen Wasser kommt er gut zurecht.

Auch die anderen werden immer sicherer. Darum freut sich die Gruppe auch, als endlich der Tag des Seepferdchen-Abzeichens kommt.

»Aber ein bisschen aufgeregt bin ich trotzdem«, gibt Ilai zu.

»Ich auch, vor allem, weil uns heute alle zusehen«, sagt Bao.

»Etwas Aufregung gehört dazu. Aber ihr werdet es super machen und die anderen sofort vergessen, wenn ihr im Wasser seid«, sagt Tom.

Zuerst müssen alle nacheinander eine ganze Bahn durch das tiefe Becken schwimmen, ohne sich am Rand festzuhalten. Dabei schauen Julie und Tom

genau zu, ob sie auch alles richtig machen. Danach muss jedes Kind einen Ring vom Beckenboden im Nichtschwimmerbecken holen und einmal vom Beckenrand ins Wasser springen.

»Geschafft! Ich habe mein Seepferdchen. Und du auch«, jubelt Ilai.

»Ja, nun sind wir schwimmende Kängurus mit Abzeichen«, lacht Bao.

Stolz nehmen die beiden und auch alle anderen aus ihrem Kurs den Seepferdchen-Ausweis und den Seepferdchen-Aufnäher von Tom und Julie entgegen.

Auch Mama, Papa und Naghmeh sind stolz auf Ilai und feiern sein Seepferdchen mit einem gemeinsamen Filmabend, bei dem natürlich Fische die Hauptrolle spielen.

Als Ilai glücklich und müde ins Bett geht, erwartet ihn noch eine besondere Überraschung. Auf seinem Kopfkissen liegt eine Glückwunschkarte von seinem Opa. Als Ilai sie umdreht, um das Bild zu sehen, sieht er eine Bucht mit glitzerndem Wasser. *Meine Bucht*, denkt er. *Und ich kann jetzt schwimmen.*

Kennst du schon die wichtigsten Baderegeln?

1. Kühle dich ab, bevor du ins Wasser gehst, und verlasse das Wasser sofort, wenn dir kalt wird.
2. Bade niemals mit ganz vollem oder ganz leerem Magen.
3. Als Nichtschwimmer*in gehst du nur bis zum Bauchnabel ins Wasser.
4. Überschätze dich und deine Kraft nicht.
5. Rufe niemals um Hilfe, wenn du nicht in Not bist! Aber hole sofort Hilfe, wenn jemand sie braucht.
6. Aufblasbare Schwimmhilfen, Luftmatratzen und Gummitiere sind Spielzeuge und bieten keine Sicherheit im Wasser.
7. Bade niemals dort, wo Schiffe oder Boote fahren.
8. Bei Gewitter kann das Schwimmen lebensgefährlich sein. Verlasse das Wasser sofort und suche ein festes Gebäude auf.
9. Springe nur ins Wasser, wenn es tief genug ist!
10. Halte das Wasser und die Umgebung sauber. Abfälle gehören in den Mülleimer.

Wer ist reif für die Schule?

Emma ist schon seit Tagen aufgeregt. Am Montag fährt Papa nämlich mit Magnus und ihr zu einer Ärztin. Die wird die Zwillinge untersuchen, ob sie reif für die Schule sind.

Sonntagnacht wacht Emma auf. Sie hatte einen fiesen Traum. Darin musste sie eine riesig lange Treppe zur Praxis der Ärztin hochsteigen. Die Treppe war so hoch, dass Emma ewig brauchte, bis sie oben war. Magnus war viel schneller oben und schon in der Praxis verschwunden. Als sie es endlich auch nach oben geschafft hatte, war die Tür zur Praxis verschlossen. Sie konnte nicht hinein, und niemand kam, um sie einzulassen. Und deswegen war Emma im Traum ganz fest überzeugt, nicht in die Schule gehen zu können, weil sie ja die Untersuchung verpasst hatte. Diese Vorstellung war so schlimm, dass Emma im Traum sogar geweint hat.

Nun ist Emma wach und muss aufs Klo. Und weil sie die ganze Zeit an ihren Traum denken muss, kriecht sie hinterher zu Mama und Papa ins Bett.

»Emma-Spatz, was ist denn los?«, fragt Papa, der sofort wach wird.

Flüsternd erzählt Emma ihm, wovon sie geträumt hat. Ganz leise, sie will Mama ja nicht wecken.

Papa nimmt Emma in die Arme und streichelt ihre Haare. »Das war wirklich ein blöder Traum«, meint er. »Du brauchst keine Angst zu haben, dass du nicht zur Untersuchung kommst und nur Magnus in die Schule darf. Und du brauchst dich auch nicht vor dem Ergebnis der Untersuchung zu fürchten, denn du bist ganz bestimmt reif für die Schule.«

Dass Papa so sicher ist, beruhigt Emma. Denn es wäre schlimm für sie, wenn Magnus in die Schule gehen dürfte und sie nicht.

Am Morgen fährt Papa mit Emma und Magnus zu der Ärztin. Natürlich hat er Mama von Emmas Traum erzählt. Deswegen gibt sie Emma einen extradicken Abschiedskuss und sagt ihr noch einmal, dass sie sich keine Sorgen machen muss.

Aber auch Magnus ist aufgeregt. Denn natürlich will auch er nach den Sommerferien in die Schule gehen und nicht länger in die Kita.

Neugierig beobachtet Emma die Ärztin. Frau Hasel ist bereits älter und grauhaarig. Sie erinnert Emma an ihre Oma und Emma ist schon viel weniger aufgeregt. Sie kommt als Erste an die Reihe.

»Zuerst untersuche ich, wie gut du hören kannst«, erklärt Frau Hasel Emma.

»Den Test kenne ich schon vom Kinderarzt«, ruft Emma erleichtert. Ihre Ohren sind in Ordnung, sie kann alle Töne gut hören, die die Ärztin ihr vorspielt.

»So, Emma, als Nächstes mache ich einen Sehtest mit dir. Dabei zeige ich dir jetzt auf dieser Tafel verschiedene Tiere und du sagst mir, was das für Tiere sind. Die ersten Tiere sind ganz groß, dann werden sie immer kleiner. Was ist das hier?«, fragt Frau Hasel.

»Das ist ja einfach! Das ist ein Elefant«, antwortet Emma.

Und so machen sie weiter, von Tier zu Tier. Das klappt wunderbar. Emma erkennt einen Delfin, eine Kuh, einen Löwen, einen Affen, einen Fuchs, einen Raben und sogar den kleinen Marienkäfer.

„Na, du hast ja Augen wie ein Luchs", sagt Frau Hasel zu ihr.

Vielleicht träume ich ja heute Nacht, dass ich ein Luchs bin und auf allen vieren durch den Wald schleiche, denkt Emma. Das ist bestimmt schöner als der blöde Treppentraum!

Eine Sache interessiert Emma noch. „Aber was passiert denn, wenn Kinder nicht so gut sehen oder hören können? Meine Freundin Anna zum Beispiel sieht ziemlich schlecht. Darf sie dann nicht mit uns zur Schule?"

„Doch, das darf sie und das soll sie", antwortet Frau Hasel. „Es ist nur wichtig, herauszufinden, was die einzelnen Schulkinder brauchen, damit jedes von ihnen die richtige Unterstützung bekommt."

Danach soll Emma auf einem Bein hüpfen, rückwärtsgehen und auf einer Linie balancieren. Das ist alles pipibabyleicht! Und einen Ball kann sie auch problemlos fangen.

„Guck mal, dieses Bilderbuch hier, Emma. Erzähl mir doch bitte einmal, was du auf den Bildern siehst", macht Frau Hasel weiter.

„Supergern, Geschichten erzählen finde ich toll!", sagt Emma begeistert. „Mama oder Papa lesen Magnus und mir abends immer etwas vor, bevor sie das Licht ausmachen. Aber weil ich oft nicht gleich einschlafen kann, erzähle ich die Geschichte leise noch weiter. Nur meine Kuscheltiere und Magnus können sie hören."

„Das habe ich früher genauso gemacht." Frau Hasel lacht und schiebt ein Blatt zu Emma hinüber. „Guck mal, auf dem Blatt sind verschiedene Reihen mit Bildern. Findest du heraus, welches Bild in jeder Reihe nicht zu den anderen passt?"

In der ersten Reihe ist lauter Gemüse abgebildet und eine Eistüte.

Emma tippt auf die Eistüte. Auch in den anderen Reihen findet sie schnell den Gegenstand, der nicht dazugehört.

»Prima, Emma, alle gefunden! Nun untersuche ich nur noch zum Abschluss deinen Körper, aber das kennst du ja auch schon von deinem Kinderarzt. Mit dem Messen und Wiegen fange ich an, danach höre ich dein Herz und deine Lunge ab und sehe dir einmal in den Mund, die Nase und die Ohren«, erklärt Frau Hasel.

»Und? Bin ich schulreif?«, fragt Emma nach den körperlichen Untersuchungen gespannt. Ihr Herz klopft dabei ganz stark in ihrer Brust.

»Aber sicher«, sagt Frau Hasel. »Ab Herbst bist du ein Schulkind.«

Emma fällt ein Riesenstein vom Herzen. Sie erzählt der Ärztin schnell noch von ihrem Treppentraum.

»Ja, vor aufregenden Dingen oder Tagen haben wir leider manchmal ziemlich bedrückende Träume«, sagt Frau Hasel. Sie schenkt Emma einen Buntstift und einen grünen Dinosaurier-Radiergummi für den Schulstart.

Dann ist Magnus an der Reihe.

»Und? Wie war's?«, fragt Magnus gespannt, als Emma aus dem Zimmer kommt. Denn auch er ist ein bisschen nervös, wie die Untersuchung wohl abläuft.

»Lustig«, antwortet Emma. »Schau mal, was ich bekommen habe!« Sie wedelt mit dem Radiergummi vor seiner Nase herum.

Magnus liebt Dinosaurier. »Hoffentlich bekomme ich auch so einen«, meint er. »Und hoffentlich bin ich reif für die Schule.«

Emma wundert sich, dass sich Magnus auch Sorgen macht. Er ist doch sonst immer mutig und cool. Oder tut er vielleicht nur so?

Nach einer Weile kommt auch Magnus strahlend aus dem Zimmer. »Schulreif!«, ruft er laut.

»Und hast du auch einen Dino bekommen?«, fragt Emma.

Magnus hat den gleichen Dinosaurier-Radiergummi wie sie, nur in Blau.

»Dinosaurier- Zwillinge!« Emma grinst und klatscht ihren Bruder ab.

Mein Rad, dein Roller

Heute ist Fahrzeugtag in der Kita. Jedes Kind, das will, darf zum Beispiel Skates, Rollschuhe, ein Skateboard, ein Fahrrad oder einen Roller von zu Hause mitbringen. Aber natürlich nur, wenn es auch die dazugehörige Schutzausrüstung dabeihat.

»Tatü-Tata!«, ruft Felix und kommt mit seinem Roller durch den Gang gesaust. Olga kann gerade noch zur Seite springen.

»Eigentlich sind die Fahrzeuge für draußen gedacht«, sagt Aylin und stellt sich Felix in den Weg, sodass er anhalten muss.

Felix mault ein bisschen, bringt seinen Roller dann aber in den Hof der Kita.

Aminata hat ihr Einrad mitgebracht, das sie vor kurzem bekommen hat. Stolz fährt sie damit im Hof hin und her. Alle sehen ihr beeindruckt zu und klatschen begeistert.

Noah kommt mit seinem Fahrrad.

»Toll, wie du das machst«, ruft Peter.

Noah freut sich.

»Ich möchte auch Fahrrad fahren«, sagt Olga sehnsüchtig. Sie hat kein Fahrzeug mitgebracht. Zu Hause hat sie zwar eins – sogar mit sieben Gängen –, aber das ist noch zu groß für sie. Ihre Oma hat es gekauft und sich ein bisschen verschätzt. Stefan hat gesagt, dass Olga bestimmt ganz schnell reinwächst, aber noch steht das Rad im Keller. Dabei würde Olga so gerne Radfahren können.

Es sieht so leicht aus, wenn Noah über den Hof fährt.

»Darf ich es auch mal probieren?«, bittet Olga.

»Vielleicht«, antwortet Noah. Er fährt Schlangenlinien, bremst, wendet und rast zurück. Fast stößt er mit Felix zusammen, der ihm mit seinem Roller in die Quere kommt.

»Pass doch auf, du Blödmann!«, schreit Felix.

»Selber Blödmann!«, ruft Noah zurück.

»Nicht streiten!«, sagt Aylin. »Jeder muss aufpassen! Im Straßenverkehr darf auch nicht jeder fahren, wie er will. Das wisst ihr ja.«

Bao hat sein Skateboard mitgebracht. Er kann noch nicht besonders gut fahren. Vorsichtig rollt er mit dem Board hin und her, immer einen Fuß auf dem Boden.

»Darf ich auch mal?«, bittet Emma.

Bao gibt ihr das Skateboard. Emma stößt sich schwungvoll ab. Das Board saust über den Hof. Sie verliert das Gleichgewicht und muss abspringen. Dabei rudert sie heftig mit den Armen, um nicht hinzufallen.

Puh, gerade noch mal gutgegangen!

Olga läuft wieder hinter Noah her. »Darf ich jetzt?«, ruft sie immer wieder. »Bitte, Noah!«

Noah genießt es ein bisschen, dass sie so bettelt. Endlich bleibt er stehen und übergibt Olga das Fahrrad und seinen Helm.

»Mach es aber nicht kaputt!«, sagt er.

Olga schüttelt den Kopf. Sie steigt auf – und fährt. Ziemlich wackelig. Aber sie kann sich oben halten. Ganz geheuer ist ihr die Sache trotzdem nicht. Wie bremst man das Ding?

Und wie kommt sie wieder runter? Bei Noah hat das irgendwie einfacher ausgesehen!

»Halt!«, schreit Noah, denn Olga steuert auf die Sandgrube zu. Jetzt kippt das Rad und Olga stürzt. Zum Glück fällt sie weich in den Sand.

Noah rennt zu ihr. Aber er fragt nicht, ob sie sich wehgetan hat, sondern guckt nur, ob seinem Rad nichts passiert ist.

Olga steht auf und streift den Sand von ihrer Hose.

»Alles in Ordnung mit dir?«, fragt Aylin besorgt.

Olga nickt. Sie schluckt ihre Angst hinunter. Am Schluss war ihr schon ziemlich mulmig. Aber immerhin ist sie über den halben Hof gefahren. *Nicht schlecht für jemanden, der nicht Fahrrad fahren kann,* denkt sie.

»Mein Fahrrad kriegst du jedenfalls nicht mehr«, ruft Noah und wirft Olga einen bösen Blick zu, »Wegen dir hat es jetzt einen Kratzer. Du kannst ja gar nicht Fahrrad fahren!«

»Kann ich wohl«, murmelt Olga.

Aylin und Peter wollen den Kratzer an Noahs Fahrrad sehen.

»Guck mal, Noah, das ist zum Glück gar kein Kratzer, sondern nur Schmutz«, beruhigt Peter ihn.-

Erleichtert stellt Noah das Rad ordentlich ab und geht zu Bao, um dessen Skateboard zu testen.

Emma hat ihre Inliner mitgebracht. Magnus dagegen nimmt sich eines der Kettcars, die zur Kita gehören, und kurvt damit über den Hof.

Auch Ilai holt sich ein Kettcar. Cem schleppt den grünen Traktor an. Er ist eigentlich schon zu klein für ihn, aber Cem liebt den Traktor heiß und innig. Wie schön laut die Räder über das Pflaster rattern!

Anna, die nicht so gut sehen kann, macht sich nicht viel aus Fahrrädern oder Kettcars. Sie geht lieber zur Schaukel. Sheriban läuft hinterher und stößt Anna an, obwohl Anna längst ohne Hilfe schaukeln kann. Schließlich klettert Sheriban auf das Schaukelgerüst und sieht von oben zu, wie die Kängurus mit ihren Fahrzeugen über den Hof rollen.

»Emma kann super Inliner fahren«, meint Sheriban.

»Emma ist überhaupt super«, sagt Anna, denn Emma hilft ihr oft. Beispielsweise, wenn etwas heruntergefallen ist und Anna es nicht gleich findet. Anna hätte gerne eine Schwester wie Emma. Neulich hat Anna Emma gefragt, ob sie nicht so tun können, als wären sie Schwestern. Emma hat gesagt, dass sie es sich überlegen will.

Jetzt kommt Emma mit ihren Inlinern vorsichtig über den Rasen. Sie setzt sich auf die zweite Schaukel.

Anna streckt die Hand nach ihr aus. Emma ergreift sie.

»Willst du meine Inliner ausprobieren?«, fragt Emma.

Anna zögert.

»Das kannst du bestimmt«, meint Emma. »Du bist doch schon Schlittschuh in der Eishalle gelaufen. Dann kannst du auch Inliner fahren.«

»Hilfst du mir?«, fragt Anna.

»Klar«, sagt Emma und drückt noch einmal Annas Hand. »Du bist doch meine Kita-Schwester.«

Anna lacht. Sie macht sich los und hüpft von der Schaukel, während Emma ihre Inliner losschnallt.

Wenig später steht Anna auf Emmas Inlinern. Emma hat ihr auch ihre Knie- und Ellbogenschützer und den Helm geliehen. Vorsichtig skatet Anna mit Emmas Hilfe los und beginnt zu strahlen.

»Ich wusste ja, dass du es schnell lernst«, sagt Emma stolz. »Und was ist mir dir, Sheriban? Möchtest du es auch mal versuchen?«

Sheriban nickt, klettert schnell vom Schaukelgerüst und läuft zu Emma und Anna. Nur wenige Minuten später hat sie Emmas Inliner an den Füßen und macht ihre ersten Fahrversuche. Es klappt prima und macht richtig viel Spaß.

»Ihr zwei seid richtige Naturtalente!«, ruft Emma lachend und klatscht Anna und Sheriban ab, wie sie es sonst immer gerne mit Magnus macht.

Das große Fahrzeugrennen!

Den Fahrzeugtag finden die Kängurus toll! Welches Kind schnappt sich welches Fahrzeug? Folge den Fäden.

Schule auf Probe

Sheribans Herz klopft schneller, als sie zusammen mit den anderen Kängurus vor dem Schulgebäude steht. Nach den Sommerferien wird sie hier zur Schule gehen!

Das große Gebäude schüchtert sie ein bisschen ein. Die Kita ist viel gemütlicher, findet Sheriban.

»Aufgeregt?«, fragt Aylin.

Sheriban nickt stumm. Wie gut, dass sie nicht allein hier ist und dass die anderen bei ihr sind. Heute ist die Vorschulgruppe nämlich zu Gast in der Schule und bekommt eine eigene Unterrichtsstunde. Schule auf Probe, sozusagen.

Olga betrachtet die bunten Bilder, die überall im Gang aufgehängt sind. Die sind so schön! Olga malt sehr gern. Neulich hat sie ein tolles Bild gezeichnet, aber dann hat ihr kleiner Bruder Milo es leider erwischt und total zerknüllt.

Olga war sehr wütend und traurig darüber. Aber beim Anblick der tollen Bilder an den Wänden freut sie sich auf das, was sie alles in der Schule malen wird.

»Sheriban schnuppert. »Hier riecht es anders«, stellt sie fest.

»Anders?«, fragt Aylin. »Was riechst du denn?«

»Es riecht nach … Schule«, sagt Sheriban schmunzelnd. »Ist doch klar, die Kita riecht nach Kita, und hier reicht es nach Schule.«

Am Ende des Gangs liegt das Klassenzimmer der 4b. Der Lehrer, der ihnen heute die Probestunde geben wird, heißt Herr Nesterenko. Er erwartet die Vorschulkinder schon an der Tür und begrüßt sie sehr freundlich. Er ist jung, hat strubbelige Haare und seine Augen funkeln. Sheriban hat das Gefühl, dass er genauso aufgeregt ist wie sie.

Für die Vorschulkinder sind die Tische und Stühle im Klassenzimmer in der Form eines Hufeisens aufgestellt worden. Die 4b hat gerade Sport, darum können die Kängurus ihre Klasse nutzen.

Olga schaut sich um. Auch das Klassenzimmer hängt voller Bilder. An der Wand steht ein Regal mit Büchern. Es sind viele Bilderbücher dabei. Auf der anderen Seite sind in einer Vitrine Sachen ausgestellt, die die Kinder gebastelt haben. Sofort juckt es Olga in den Fingern. Sie würde gerne zu Schere und Kleber greifen und auch etwas basteln.

Sheriban geht zu den Fenstern. Wie spannend, dort steht ein riesiger Glaskasten auf dem Boden! Eine Mischung aus Aquarium und Terrarium mit zwei kleinen Wasserschildkröten. Sheriban findet die kleinen Schildkröten entzückend.

»Bitte setzt euch alle auf einen Platz«, sagt Herr Nesterenko.

Anna darf ganz dicht bei der Tafel sitzen.

Peter hat Namensschilder für alle Kängurus geschrieben und verteilt sie, damit jedes Kind sein Schild vor sich aufstellen kann. Das ist eine super Idee, denn so kann Herr Nesterenko sich die Namen der Kinder gleich einprägen.

Der nette junge Lehrer möchte den Vorschulkindern den Buchstaben R vorstellen. Er hat ein großes und ein kleines R deutlich lesbar auf die Tafel geschrieben.

»Welche Wörter fallen euch ein, die mit R beginnen?«, fragt Herr Nesterenko.

Annas Finger schnellt hoch. Und auch Sheriban hebt den Arm.

»Ja?« sagt Herr Nesterenko und nickt den beiden zu.

»Ratte«, ruft Anna.

»Rad!«, sagt Sheriban.

»Beides stimmt!«, meint Herr Nesterenko. »Super!« Er guckt zu Bao, der ebenfalls seinen Arm hebt. »Bao?«

»Roller«, antwortet Bao. Dann strahlt er und fügt hinzu: »Rätsel.«

»Richtig.« Herr Nesterenko lacht.

Sheriban fühlt sich richtig wohl in der Schule. Hier ist es fast wie in der Kita, findet sie.

Damit sich die Kinder den Buchstaben gut einprägen, formen sie das R aus bunter Knete und fahren die Umrisse mit den Fingern nach. Als Überraschung verteilt Herr Nesterenko danach Magnete in der Form eines R an die Kängurus.

Dann liest er eine Geschichte vor, in der viele Wörter mit R vorkommen. Die Kinder sollen hinterher die R-Wörter, an die sie sich erinnern, aufmalen.

Olga malt mit großem Eifer eine Rose, eine Rutschbahn und eine Reiterin.

Sheriban entschließt sich, auf ihr Blatt nur Rosen zu malen, weil Rosen ihre Lieblingsblumen sind und ihr besonders gut gelingen.

Ilai lächelt verschmitzt und bekritzelt sein Blatt mit ganz vielen kleinen Kreisen. Er gibt sich richtig Mühe dabei.

»Was ist das?«, fragt Herr Nesterenko.

»Das sieht man doch«, erwidert Ilai, »Rauch!«

»Wow, du bist ja kreativ!«, sagt Herr Nesterenko und fährt sich durch die Haare. Seine Strubbelfrisur wird davon noch strubbeliger. »In der Geschichte kam zwar kein Rauch vor, trotzdem ist es ein Wort mit R.«

Es klingelt zur Pause und die Kängurus hibbeln auf ihren Stühlen herum. Herr Nesterenko klatscht in die Hände und sagt: »Danke, liebe Kängurus, dass ihr mich heute besucht habt! Jetzt kenne ich euch schon ein bisschen und bin nicht mehr so aufgeregt. Ich freue mich auf euren ersten Schultag! Wir werden viel Spaß haben. Und jetzt – raus mich euch auf den Schulhof!«

Das lassen sich die Vorschulkinder nicht zweimal sagen. Unter großem Getöse springen und hüpfen und laufen alle nach draußen. Dort gibt es nämlich einen coolen Spielplatz. Der ist viel größer als der Spielplatz in der Kita.

Es gibt ein riesiges Klettergerüst. Ein Mädchen klettert so geschickt hinauf, dass Olga nur staunen kann. Sie sieht ihr beeindruckt zu und beschließt dann, es auch zu versuchen. Es dauert eine Weile, aber schließlich ist sie oben.

Das Mädchen lächelt sie an. »Dich kenne ich doch vom Sehen. Wie heißt du?«

»Olga«, antwortet Olga. »Und du?«

»Elif, ich bin in der ersten Klasse.«

»Und ich komme nach den Sommerferien in eure Schule.«

»Das ist doch prima, dann können wir in den Pausen zusammen klettern und spielen«, meint Elif.

Ein warmes Gefühl breitet sich in Olga aus. Ist das Glück? Zufrieden schaut sie von ihrem hohen Aussichtspunkt über den Schulhof.

Auch Sheriban kann gar nicht mehr aufhören zu lächeln. Sie schaukelt bis in den Himmel und freut sich schon auf ihre Einschulung.

Bald wird sie jeden Tag hier sein – und das fühlt sich gerade richtig gut an.

Eine ganz besondere Nacht

Erdbeeren, Sonnenschein und ganz lange Tage – der Sommer ist im Anmarsch. Bald beginnen die letzten Sommerferien vor dem Schulbeginn. Die Kängurus freuen sich schon riesig darauf.

Überhaupt ist alles gerade enorm spannend und die schönen Dinge und Ereignisse überschlagen sich beinahe. Die letzten Tage in der Kita vergehen wie im Flug. Fast schon ein bisschen zu schnell, finden Cem und Sheriban. Für den Abschied aus der Kita haben sich Aylin und Peter etwas Besonderes ausgedacht: ein Abschiedsfest für die Kängurus!

Ausnahmsweise dürfen die Kinder am Samstagnachmittag in die Kita kommen – und ihre Schlafsachen mitbringen. Denn sie wollen in der Kita übernachten.

Magnus hat noch nie woanders geschlafen als zu Hause, außer bei Opa und Oma. Emma hat schon einmal bei Anna übernachten dürfen. Sie weiß, was man zum Übernachten braucht, und sagt Magnus, dass er unbedingt seine Zahnbürste einpacken muss.

»Ja, aber das reicht doch noch lange nicht, Emma! Ohne Teddy und mein Kuscheltuch kann ich nicht einschlafen. Und das dicke Buch mit den Gute-Nacht-Geschichten brauche ich auch. Und die Taschenlampe, damit ich im Dunkeln das Klo finde, falls ich nachts muss. Und vielleicht noch ein Buch. Meine Plüschmaus soll auch nicht allein zu Hause im Bett bleiben. Und eigentlich muss auch noch das Kopfkissen mit.«

»Du brauchst ja einen Umzugswagen«, stellt Emma fest und grinst. »Wie willst du das alles in deinen Rucksack stopfen?«

Schweren Herzens trennt sich Magnus von seinem Kopfkissen und der

Plüschmaus. Auch die Bücher lässt er zu Hause. In der Kita gibt es genug. Jetzt passt alles in den Rucksack. Emma hat ihren Rucksack auch fertig gepackt. Mama und Papa bringen die beiden zur Kita.

Magnus schlingt die Arme um Mamas Hals und hält sie ganz fest. Am liebsten würde er wieder mit den Eltern nach Hause fahren.

»Komm, Magnus«, sagt Emma. »Es gibt doch eine Nachtwanderung mit Schatzsuche. Willst du das verpassen?«

Natürlich will Magnus nichts verpassen. Er winkt Mama und Papa und schluckt ein paar Tränen hinunter. Abschiede machen ihn immer ein bisschen traurig. Zum Glück nimmt Aylin ihn in den Arm.

Emma fällt das Tschüsssagen leichter. Sie hat sich schon zu ihrer Freundin Anna verkrümelt.

Der Hof der Kita ist mit Wimpeln und Girlanden geschmückt. Peter hat einen Grill mitgebracht. Darauf brutzeln leckere Maiskolben. Und Aylin hat Lahmacun, Linsenköfte und Dips gemacht. Außerdem gibt es jede Menge Schnittchen, Gemüsesticks, verschiedene Puddings und Obst zum Nachtisch. Die Kängurus hauen ordentlich rein und es schmeckt so lecker!

Als alle satt sind, verteilt Aylin Luftballons. Sie schreibt den Namen und die Adresse jedes Kindes auf eine Karte, die mit einer Schnur am Ballon befestigt wird. Als Gruß in die Welt – und mit der Hoffnung, dass wer immer einen Luftballon findet, die Karte mit einer kleinen Botschaft und dem Namen des Fundortes an die Adresse auf der Karte zurückschickt. Welcher Luftballon wohl am weitesten fliegt?

»Eins, zwei, loslassen!«, ruft Aylin.

Die Kinder lassen die Schnüre los und alle Ballons steigen in den Himmel.

Noah legt seinen Kopf in den Nacken und sieht seinem Luftballon nach. Der trudelt höher und höher, bis er nur noch ein winziger Punkt zwischen den Wolken ist. Wohin der Wind ihn wohl treibt?

Jetzt geht es auf Schatzsuche! Die Kängurus verlassen zusammen mit Aylin und Peter die Kita. Den ersten Hinweis haben sie im Gang gefunden. Sie sollen zu der großen Linde laufen, die mitten auf dem Marktplatz steht.

Es wird allmählich dämmrig. Aber weil es warm ist, sind viele Leute unterwegs. Sogar die Eisdiele hat noch offen.

Sheriban entdeckt den Briefumschlag, der an der Linde hängt. Auf den Umschlag sind Kängurus gemalt.

»Der Brief ist für uns«, ruft Sheriban.

»Du hast ihn gefunden, also darfst du den Brief auch öffnen«, meint Peter.

Die anderen Kinder umringen Sheriban. Aufgeregt reißt sie den Brief auf und zieht eine Karte und einen kleinen Schlüssel heraus.

»Eine Schatzkarte!«, jubelt Olga. Zusammen mit Sheriban und Cem beugt sie sich über die Karte.

»Da ist der Fluss!«, Cem deutet auf eine blaue Linie.

»Und das muss der Spielplatz sein«, sagt Olga und deutet auf das schwarze Kreuz. »Der Schiffsspielplatz! Der Schatz ist bestimmt im Piratenschiff versteckt!«

Sie will gleich loslaufen, aber Aylin ermahnt sie, dass die Kängurus zusammenbleiben müssen.

»Bao, passt du auf den Schlüssel auf?«, fragt Sheriban. »Aber nicht verlieren, ja?«

Bao nickt und verstaut den Schlüssel sorgsam. Er ist ein guter Aufpasser. Bei ihm geht fast nie etwas verloren.

Gemeinsam gehen die Kängurus durch die schmale Gasse, die zum Fluss hinunterführt. Emma hält Anna fest an der Hand, denn auf dem Kopfsteinpflaster kann man leicht stolpern.

»Guckt mal, Glühwürmchen!« Magnus deutet auf kleine grüne Leuchtpunkte, die in einem Heckenrosenstrauch hängen.

Schon von weitem glitzert der Fluss. Die Lampen an der Promenade spiegeln sich im Wasser. Der Schiffsspielplatz ist gleich rechts.

Olga rennt zum Piratenschiff. Alle anderen Kinder sausen hinterher. Nur Anna und Emma gehen etwas langsamer weiter. Emma würde auch gerne schneller laufen, aber sie nimmt Rücksicht auf Anna.

Anna bleibt stehen und schnuppert. »Ich kann das Wasser riechen«, sagt sie. »Du auch?«

Emma schließt die Augen. Sie riecht das Holz des Piratenschiffs, aber kein Wasser. Anna hat einfach den besseren Geruchssinn.

Aus dem Bauch des Schiffs tönt Triumphgeheul.

»Wir haben die Schatzkiste!«, erklingt eine Jungenstimme.

»Ilai!« Anna lächelt, denn auch ihr Gehör ist sehr gut.

Wenig später kommt Ilai aus dem Schiff und trägt eine hölzerne Kiste in den Händen. Er stellt sie ins Gras. Die Schatzkiste ist verschlossen, aber wozu haben die Kängurus einen Schlüssel?

»Bao, aufmachen, bitte!«, rufen alle im Chor.

Bao kniet sich ins Gras, steckt den Schlüssel ins Schloss und dreht ihn behutsam, während Peter mit der Taschenlampe leuchtet. Endlich springt der Deckel auf. Die Kiste ist voller Stifte und anderer Dinge fürs Federmäppchen, die die Kängurus gerecht untereinander aufteilen.

Beschwingt, aber auch ein bisschen müde kehren die Kinder in die Kita

zurück. Während sie sich im Waschraum bettfertig machen, breiten Aylin und Peter im Turnsaal die Matten und Decken aus.

Es dauert eine ganze Weile, bis alle ihren Platz gefunden haben.

Peter liest noch eine Geschichte vor, dann wird das Licht gelöscht.

»Gute Nacht, Kängurus!«, wünschen Aylin und Peter.

Zuerst ist es ganz still. Aber nicht lange. Bao muss aufs Klo. Olga auch. Ilai hat Durst. Anna sucht einen sicheren Platz für ihre Brille und Magnus sucht sein Kuscheltuch. Als er es endlich findet, entdeckt er darin eingewickelt ein großes Herz aus Papier mit zwei Lippenstift-Gute-Nacht-Küssen von seinen

Eltern. Und wie von Zauberhand verschwindet sein Anflug von Heimweh sofort. Mit einem Lächeln auf den Lippen schläft er ein.

Die anderen sind noch lange wach! Es gibt noch so viel zu tuscheln und kichern. Doch irgendwann fallen auch dem letzten Känguru die Augen zu.

Am nächsten Morgen sind alle Kinder schon um sechs Uhr fit und munter. Peter und Aylin wühlen sich aus ihren Decken. Peter gähnt dauernd. Aylin geht es nicht viel besser.

Zum Glück kommen die Eltern schon eine Stunde später. Sheribans Papa hat frische Brötchen mitgebracht, und es gibt ein tolles Frühstück im Garten.

Bevor alle nach Hause gehen, bekommt jedes Känguru ein Album mit Erinnerungen an die Vorschulzeit. Darin sind viele Fotos und lustige Sprüche eingeklebt. Außerdem erhält jedes Kind eine Mappe mit seinen gemalten Bildern und ausgefüllten Arbeitsblättern. Und natürlich alle Bastelsachen, die in den letzten Monaten entstanden sind.

Aber auch Aylin und Peter bekommen von den Eltern Geschenke, weil sie die Kängurus so gut betreut haben: einen riesigen Blumenstrauß und einen großen Korb voll Leckereien.

Zum Abschied umarmen Aylin und Peter jedes Kind lange und lieb. Peters Augen glitzern verdächtig. Und auch Aylin muss ein bisschen schniefen.

»Nicht traurig sein«, sagt Magnus. »Es ist ja kein Abschied für immer! Wir kommen nach der Schule ganz oft vorbei und besuchen euch!«

Die anderen Kinder nicken zustimmend! Die Idee finden sie gut.

Da können Peter und Aylin wieder lachen. »Alles, alles Gute für euch!«, rufen sie und schauen zu, wie ihre Kängurus in die Ferien hüpfen.

Wer findet den Schatz?

Hast du Lust auf ein Brettspiel? Auf der letzten Seite sind die Anleitung und der Spielplan groß abgedruckt.

Ein toller erster Schultag

Heute springt Noah noch früher aus dem Bett als sonst. Kein Wunder, es ist sein erster Schultag! Noah kann es kaum erwarten. Er geht erst aufs Klo, dann schaut er ins Schlafzimmer. Seine Eltern schlafen noch. Mama ist gestern erst spät aus dem Krankenhaus zurückgekommen, in dem sie arbeitet.

Mama merkt, dass Noah in der Tür steht.

»Na, komm schon kuscheln«, murmelt sie verschlafen und schlägt die Bettdecke zurück.

Noah kriecht zu Mama und Papa ins Bett. Dort ist es warm und gemütlich. Aber heute findet Noah trotzdem keine Ruhe mehr.

»Soll ich schon mal David wecken?«, fragt er.

Auch für Noahs Bruder David ist ein besonderer Tag. Er kommt zu den Kängurus!

»Lass ihn noch ein bisschen schlafen«, meint Mama. »Wir haben jede Menge Zeit!« Sie steht auf, um Frühstück zu machen.

Noah löffelt sein Müsli, aber er bekommt gar nicht mit, wie es schmeckt. Denn Noah ist mit seinen Gedanken schon bei der Einschulungsfeier und bei Herrn Nesterenko, den er schon vom Schnuppertag kennt. Außerdem denkt Noah daran, dass sein kleiner Bruder jetzt in der Kita zu den Großen gehört. Und er selbst in der Grundschule zu den Erstklässlern, also zu den Kleinen. Groß oder klein, was stimmt jetzt? Noah schwirrt der Kopf. Manometer, ist er aufgeregt!

Eine gefühlte Ewigkeit später sitzen alle im Auto und Papa biegt in die Schulstraße ein.

Noah pfriemelt an seiner Schultüte herum. Sie ist voll und schwer. Was ist da bloß drin? Könnte er nicht ganz unauffällig so ein kleines bisschen ....

»Hey, nicht aufmachen, Großer«, sagt Mama und lächelt. »Sonst ist doch deine Überraschung für später futsch.«

»Okay«, murmelt Noah, obwohl er vor Neugier fast platzt. Aber da kommt schon die Schule in Sicht und Papa sucht einen Parkplatz.

Der Schulhof ist voller Menschen. Heute sind viele Mamas, Papas, Geschwisterkinder und Großeltern da, die – genau wie Noahs Eltern und David – ihr frischgebackenes Schulkind begleiten.

In der großen Aula sind viele Stühle aufgestellt. Die Erstklässler und Erstklässlerinnen dürfen ganz vorne sitzen, während die älteren Schülerinnen und Schüler und die Familien der Neuen weiter hinten sitzen.

Die Schulleiterin Frau Karpf tritt ans Rednerpult und begrüßt alle, besonders die Schulanfänger und Schulanfängerinnen.

Dann betreten Kinder aus der vierten Klasse die Bühne. Einige tragen Instrumente: Blockflöten, Triangeln oder Geigen. Die anderen Kinder bilden den Chor. Der Musiklehrer steht an einem Keyboard und gibt ein Zeichen. Die

Kinder spielen und singen ein schönes Lied, das der Lehrer extra für die neuen Schüler und Schülerinnen komponiert hat.

Noah dreht sich immer wieder zu seinen Eltern um. Sie winken ihm jedes Mal zu.

»Deine Eltern sind noch da, keine Sorge«, flüstert Emma, die neben ihm sitzt. »Du hast übrigens eine tolle Schultüte!«

»Die hat meine Mama gebastelt«, sagt Noah stolz. Auf seiner Schultüte ist ein Adler aus Tonpapier aufgeklebt. Adler sind Noahs Lieblingstiere.

Als das Lied zu Ende ist, klatschen alle. Noah will aufstehen, aber die Vorführung ist noch nicht vorbei. Denn jetzt kommt ein Theaterstück, das die zweiten Klassen aufführen. Es geht um eine hungrige Raupe, die sich durch verschiedene Blätter frisst. Dann will die Raupe an einem Apfel knabbern. Doch der Apfel gehört einem Mädchen, das laut ruft:

*»Dieser Apfel, der ist mein,
in ihn beiß ich selber rein."*

Doch dann überlegt es sich das Mädchen anders und gibt der Raupe ein Stück von ihrem Apfel ab. Daraufhin führt die Raupe einen Freudentanz auf und verwandelt sich in einen Schmetterling. Noch andere Schmetterlinge kommen hinzu und tanzen über die Bühne, während die Kinder aus der vierten Klasse wieder musizieren.

Diesmal hat Noah wie gebannt zugesehen, denn die Kinder tragen wunderschöne Kostüme.

»Nächstes Jahr dürfen wir vielleicht auch ein Theaterstück aufführen«, hofft Emma.

Nachdem der Applaus verklungen ist, steigt die Spannung ins Unermessliche.

SCHULTAG

Die Lehrerinnen und Lehrer der neuen ersten Klassen kommen auf die Bühne und rufen jedes Kind einzeln auf.

Noah wird es plötzlich ein bisschen mulmig zumute. Aber als Herr Nesterenko seinen Namen vorliest und ihn breit anlächelt, steht Noah auf und geht mutig und stolz zu seinem Lehrer.

Die Familien der Schulanfängerinnen und Schulanfänger dürfen die Kinder noch in die Klassenzimmer begleiten. Noah ist erleichtert, dass Mama und Papa mitkommen.

Der Klassenraum sieht noch fast genauso aus wie damals beim Schnuppertag. Nur die bunten Bilder hängen nicht mehr an den Wänden.

Noah blickt sich um und findet einen freien Platz neben Ilai, der ihn angrinst und seine neue Zahnlücke zeigt.

Die Eltern bestaunen das schöne Klassenzimmer – besonders die beiden Wasserschildkröten – und dann verabschieden sie sich.

»Nachher holen wir dich ab«, verspricht Mama und streicht Noah über den Kopf.

Als seine Eltern weg sind, hat Noah wieder so ein komisches Gefühl im Bauch. Am liebsten würde er Mama, Papa und David hinterherlaufen. Aber er ist jetzt ein Schulkind. Außerdem sieht er viele vertraute Gesichter um sich herum: Emma und Magnus, Bao, Sheriban, Olga, Felix, Aminata, Cem und Anna zusammen mit Marcel, der sie unterstützen soll. Als Noah die Hündin Cora entdeckt, schnellt sein Finger in die Höhe.

»Darf Cora auch jeden Tag in die Schule kommen?«, fragt er Herrn Nesterenko.

»Ja«, antwortet dieser. »Anna und Cora sind jetzt ein Team. Stimmt's, Anna?«

Anna nickt und erzählt voller Begeisterung, dass Cora schon bei ihr zu Hause wohnt.

Noah hat eine Menge Fragen. Darf Cora in Annas Bett schlafen? Was frisst Cora am liebsten? Und auch den anderen Kindern fallen viele Sachen ein, die sie ganz dringend jetzt sofort wissen müssen.

Herr Nesterenko lacht. »Boah, ihr seid ja richtige Tierliebhaber und Tierexpertinnen! Wisst ihr was – das finde ich gut. Deswegen wollen wir in den nächsten Wochen und Monaten nicht nur Schreiben und Rechnen lernen, sondern uns auch immer wieder mit Tieren beschäftigen.«

Das freut die Klasse und prompt reden alle aufgeregt durcheinander. Und

Noah ist sich ganz sicher, dass er in der Schule jede Menge Spaß haben wird.

Herr Nesterenko liest den Kindern noch eine Geschichte vor und gibt ihnen eine Hausaufgabe auf: Sie sollen ein Hundebild malen.

»Und? Wie war dein erster Tag?«, fragt Mama, als sie und Papa Noah etwas später abholen.

»Super!« ruft Noah und stürmt in ihre Arme. Auf dem Weg zur Kita erzählt er von Cora, von Herrn Nesterenkos Vorschlag und davon, wie sehr er sich auf den nächsten Tag freut. Mama und Papa hören gespannt zu. Und dann holen die drei David von den Kängurus ab.

Auch David hatte einen tollen Tag. Er grinst übers ganze Gesicht und hat einen riesigen Känguru-Keks in der einen und einen hübschen Stoffbeutel in der anderen Hand.

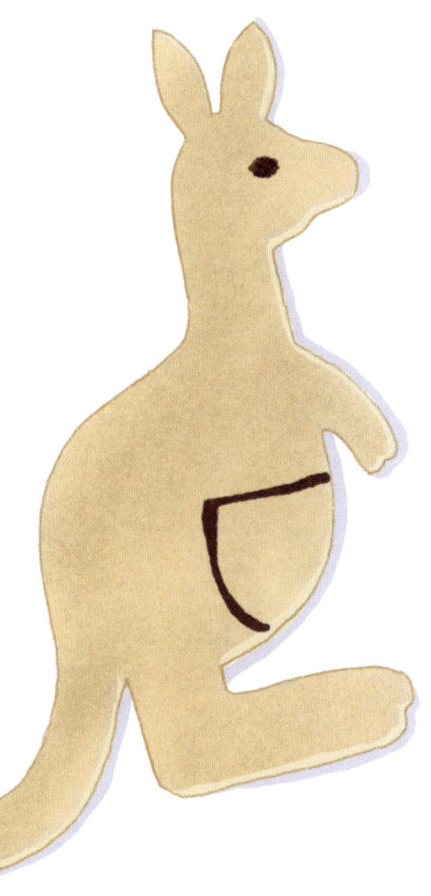

Zu Hause darf Noah endlich seine Schultüte auspacken. Er öffnet ungeduldig die Schleife, mit der die Tüte oben zugebunden ist.

»Oh, super!«, ruft er begeistert und zieht einen Gegenstand nach dem anderen heraus: eine Packung Buntstifte, eine Brotdose mit passender Trinkflsche, ein Buch über Adler, ein Hörspiel, eine kleine Taschenlampe und eine Tüte Gummibärchen.

Die Gummibärchen teilt Noah mit David. Seine neuen Buntstifte benutzt er gleich, um das Hundebild zu malen. David will auch malen, aber lieber ein Känguru. Noah muss ihm ein bisschen helfen, aber das macht er gerne. Er ist glücklich und freut sich schon darauf, morgen wieder zur Schule zu gehen.

MACH MIT!

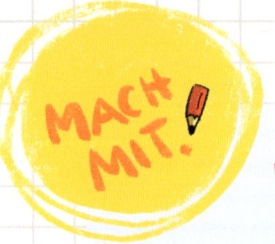

Was steckt in deiner Schultüte?

Kreise ein.

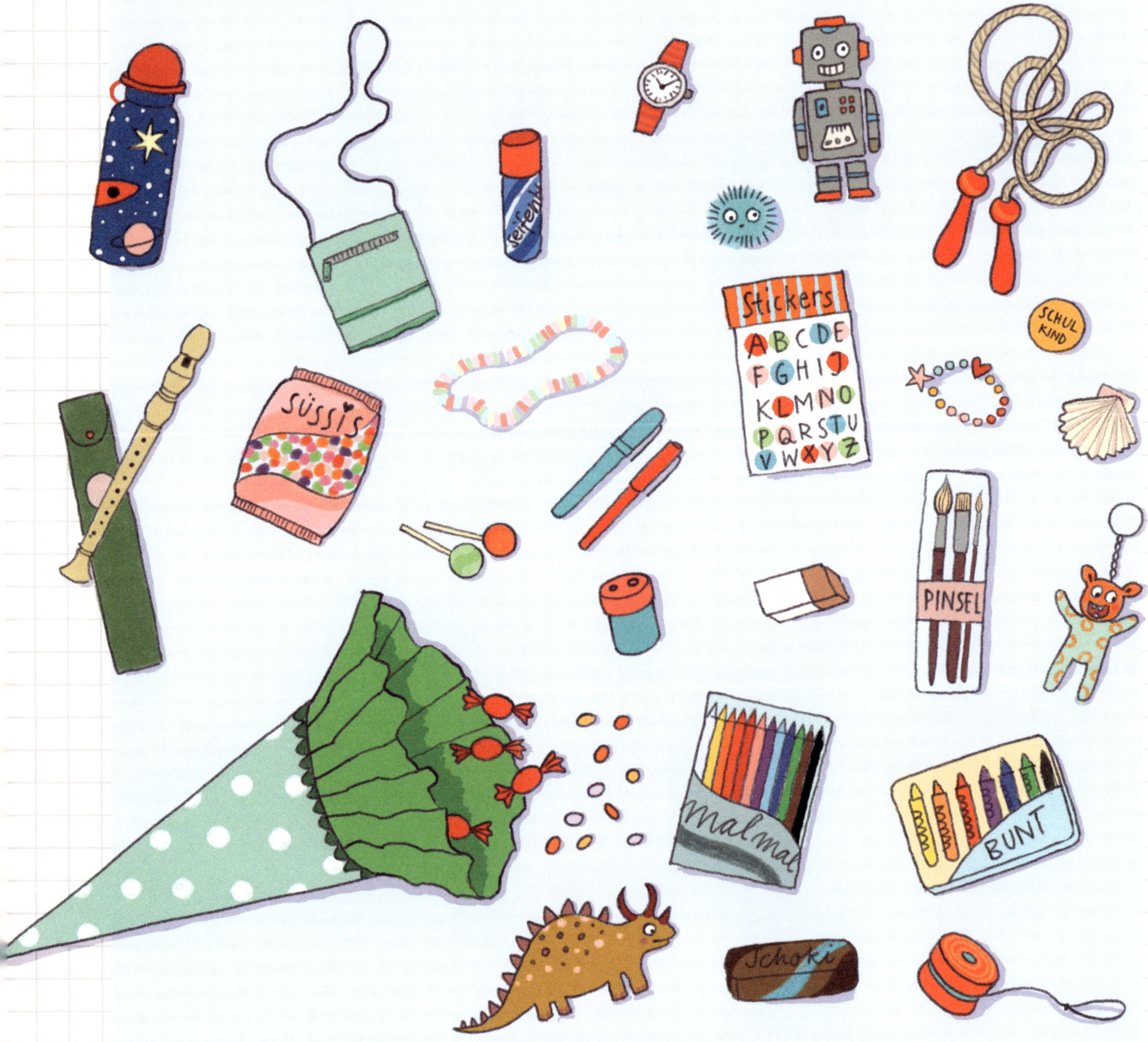

Wer küsst den Frosch?

Langsam wird es Herbst. Die Tage sind schon deutlich kürzer. Genau die richtige Zeit, findet Herr Nesterenko, um mit seiner Klasse ein Theaterstück einzustudieren und aufzuführen. Die Kinder entscheiden sich für den »Froschkönig«, denn das Märchen kennen alle.

»Ich will die Prinzessin spielen«, meldet sich Aminata sofort.

»Ich auch«, rufen Emma und Sheriban gleichzeitig.

»Hm, was machen wir da am besten?«, überlegt Herr Nesterenko. »Wettbewerbe mag ich nicht so gern. Vielleicht planen wir einfach drei Aufführungen. So kann jede von euch einmal die Prinzessin, einmal die Königin und einmal die jüngste Tochter spielen. Dann müsst ihr natürlich etwas mehr Text lernen, aber die jüngste Tochter hat zum Glück keinen Text, sondern sitzt nur am königlichen Tisch. Also schafft ihr das bestimmt. Was haltet ihr von dieser Lösung?«

»Cool!«, staunt Aminata – und Emma und Sheriban strahlen und halten ihre erhobenen Daumen in die Luft.

Cem spielt den König und Felix den Frosch. Die anderen Kinder sind Diener oder Hofdamen. Schließlich hat jeder eine Rolle.

Immer wieder werden Teile des Märchens geprobt. Schließlich kommt die Szene, in der die Prinzessin den Frosch küssen soll. Gerade ist Sheriban mit der Probe als Prinzessin an der Reihe.

Sie wird ganz blass. »Muss ich Felix wirklich küssen?« Sie verschränkt die Arme vor der Brust und macht ein finsteres Gesicht.

»Sehr gut!« Herr Nesterenko lacht. »Die Prinzessin im Märchen will den Frosch auch nicht küssen!«

Aber es ist Sheriban ganz ernst. Sie hat große Lust auf das Stück und ihre drei Rollen. Aber Felix küssen?

Felix senkt traurig den Kopf. Er mag Sheriban nämlich sehr. Aber es sieht so aus, als würde sie ihn überhaupt nicht mögen. Felix kämpft mit den Tränen. Er dreht sich rasch um, denn das soll keiner sehen.

»Du kannst ja nur so tun, als würdest du ihn küssen«, sagt Herr Nesterenko zu Sheriban.

»Na gut«, meint Sheriban. »Das kriege ich hin.«

Zögernd geht Felix zu Sheriban. Diese ist jetzt wieder voll in ihrer Rolle als Prinzessin.

»Ich habe erlaubt, dass du von meinem Tellerchen isst«, sagt sie streng. »Und du darfst auch in meinem Bettchen schlafen. Aber dich zu küssen, das bringe ich einfach nicht fertig.«

»Dann nehme ich dir den goldenen Ball wieder weg«, sagt Felix, der Frosch, leise.

Plötzlich traut Prinzessin Sheriban sich doch! Sie gibt dem Frosch Felix einen Kuss auf die Wange. Da strahlt Frosch Felix so glücklich, dass Sheriban lachen muss.

»Gut gemacht, ihr beiden!«, ruft Herr Nesterenko und klatscht.

Theaterspielen macht so viel Spaß und ich habe das wirklich geschafft mit dem Kuss, denkt Sheriban erleichtert und auch ein bisschen stolz.

»Willst du mich mal besuchen, Sheriban?«, fragt Felix später in der Pause. »Wir könnten zum Beispiel ein Picknick in meinem Baumhaus machen.«

»Wo wohnst du denn?«, fragt Sheriban.

Felix sagt es ihr, und Sheriban nickt. Sie weiß, wo das ist.

»Am Samstag?«, fragt Felix.

»Ich frage Mama, ob sie mich bringt«, antwortet Sheriban.

»Super!« Felix freut sich.

Und so besucht Sheriban Felix schon am nächsten Samstag. Er zeigt ihr sein Baumhaus mit der Holzleiter. Es ist außen bunt angemalt. Innen stehen eine Bank mit vielen Kissen und ein kleiner Tisch. Und es ist sogar noch Platz für eine weiche Matratze, auf der man wunderbar sitzen und spielen kann.

»Im Sommer habe ich mal hier geschlafen«, erzählt Felix.

»Echt?« Sheriban macht große Augen.

»Na ja, ehrlich gesagt habe ich mitten in der Nacht Angst bekommen und bin ins Haus zurückgelaufen«, gibt Felix zu. »Aber im nächsten Sommer schaffe ich es.«

»Vielleicht kann ich dann ja auch hier übernachten«, sagt Sheriban.

Sie grinsen sich an.

Am Montag darauf geht Felix in der Pause zu Herrn Nesterenko und druckst ein wenig herum.

»Was gibt es denn, Felix?«, fragt Herr Nesterenko besorgt. »Du weißt, du kannst mir alles sagen!«

Felix' Wangen färben sich leicht rot. »Es geht um meine Rolle in dem Theaterstück«, sagt er. »Ich bin jetzt mit Sheriban befreundet, und da will ich nicht … da kann ich nicht … Emma und Aminata …«

Herr Nesterenko muss kurz überlegen, aber dann versteht er, was Felix ihm sagen will. »Du willst aus Rücksicht auf Sheribans Gefühle nicht Emma oder Aminata küssen.«

»Genau!« Felix nickt erleichtert.

»Das kann ich gut nachvollziehen«, meint Herr Nesterenko. »Dann werde ich gleich nachher Noah und Magnus fragen, ob sie in den anderen Aufführungen den Frosch spielen wollen.«

Felix fällt ein Stein vom Herzen. Er ist wirklich sehr froh, dass dieses Problem gelöst ist.

Noah und Magnus sind mit Herrn Nesterenkos Vorschlag einverstanden, sie übernehmen gerne eine neue Rolle. Zwei Wochen später wird in der Aula der Schule das Theaterstück zum ersten Mal aufgeführt. Alle Eltern und auch die anderen Klassen sind dazu eingeladen. Das Stück wird ein voller Erfolg. Bei der Premiere spielt Sheriban die Prinzessin. Sie trägt ein wunderschönes Kleid, das ihre Mama genäht hat. Felix sieht ulkig aus als Frosch. Das Kostüm hat Herr Nesterenko besorgt.

An der Kulisse und der Dekoration hat die ganze Klasse gearbeitet. Der Hausmeister hat für die Beleuchtung gesorgt.

Alle sind gespannt, natürlich auch auf den Kuss. Sheriban hat längst keine Angst mehr davor. Die Zuschauer klatschen laut, als Felix nach dem Kuss sein Kostüm abwirft und als Prinz dasteht.

Ein paar Tage später steht sogar ein Bericht über die Aufführung in der Zeitung. Mit Foto. Sheriban schneidet den Artikel aus und klebt ihn in ihr Freundschaftsbuch. Beim nächsten Besuch wird sie das Buch zu Felix mitnehmen. Ob er ihr ein schönes Bild hineinmalt? Wie gut, dass sie jetzt richtig dicke Freunde sind!

Damit die Kinder, die in der zweiten und dritten Aufführung die Hauptrollen spielen, nicht traurig sind, weil es keinen Zeitungsbericht über sie gibt, macht Herr Nesterenko viele schöne Fotos während der Proben und der Vorstellungen. Nachdem er die Erlaubnis von allen Eltern eingeholt hat, veröffentlicht er die besten Bilder auf der Homepage der Schule. So wird die Erinnerung an ein tolles Theaterstück und an eine tolle erste Klasse wachgehalten.

Male dein Traum-Baumhaus

Wie sieht dein Traum-Baumhaus aus? Male es auf!

Lauter Lieblingstiere

»Erinnert ihr euch noch, dass ich euch am ersten Schultag gesagt habe, dass wir uns immer wieder auch mit Tieren beschäftigen werden?«, fragt Herr Nesterenko seine Klasse zu Beginn des Unterrichts.

Alle Kinder nicken gespannt.

»Wer von euch hat denn ein Haustier?«, erkundigt sich der Lehrer.

Fast alle Arme schnellen in die Luft.

»Schön! Dann planen wir für nächste Woche einen Haustiertag«, freut sich Herr Nesterenko. »Allerdings sollten wir vorher überlegen, ob und welche Tiere dafür mit in die Klasse können. Denn für viele Tiere bedeutet es großen Stress, in Transportkäfige oder Boxen gesperrt zu werden. Und viele haben Angst vor anderen Tieren, einer neuen Umgebung oder fremden Menschen. Meine Katze Lina zum Beispiel ist ziemlich ängstlich und verkriecht sich immer in eine Ecke, wenn ein Fremder kommt. Ich bin sicher, dass ein Besuch in der Klasse zu anstrengend für sie wäre.«

»Aber wie sollen wir den anderen denn unser Lieblingstier vorstellen, wenn wir es nicht mitbringen dürfen?«, fragt Ilai.

»Das ist eine gute Frage, Ilai«, sagt Herr Nesterenko. »Ihr könnt Fotos mitbringen. Oder einen Steckbrief basteln. Lasst uns einfach mal nachdenken, für welche eurer Haustiere ein Besuch in der Klasse keine große Belastung bedeutet und welche besser zu Hause bleiben.«

In den Köpfen der Kinder beginnt es sofort zu rattern. Am Ende der Stunde hat die Klasse 1a einen ziemlich guten Plan und macht sich mit Feuereifer an die Arbeit.

Eine Woche später ist es so weit: Der Haustiertag steht an. Und die Schülerinnen und Schüler stellen ihre Lieblinge vor.

Den Beginn machen Emma und Magnus. Sie haben im Frühjahr zwei Zwergkaninchen bekommen: Flecki und Lauser. Lauser ist ziemlich frech und neugierig. Flecki ist verschmust. Außer einem Foto und zwei ausführlichen Steckbriefen haben Magnus und Emma fünf kleine Schälchen mit den Dingen dabei, die ihre Kaninchen am liebsten fressen: Brokkoli und Blumenkohlröschen, Karottenstücke, Pastinake und als Leckerli Sonnenblumenkerne.

Sheriban hat ihr Haustier mitgebracht: eine große Landschildkröte.

»Sie heißt Thea«, erklärt Sheriban und setzt Thea auf den Boden. »Normalerweise macht Thea spätestens im November Winterschlaf, aber in diesem Jahr will sie noch nicht schlafen. Wahrscheinlich, weil es draußen noch so mild ist. Mama meint, wir sollen Thea in den Kühlschrank setzen, wenn sie nicht von selbst einschläft. Aber vorher muss Thea eine Zeitlang fasten. Ihr Bauch muss ganz leer sein, sonst wird sie im Frühjahr vielleicht nicht mehr wach.«

»Ganz schön kompliziert«, meint Herr Nesterenko. »Und ich dachte immer, Landschildkröten zu halten, sei einfach.«

Es dauert eine Weile, bis die Schildkröte ihren Kopf aus dem Panzer streckt. Und sie hat auch noch keine Lust zu fasten, denn sie verspeist erst mal in aller Ruhe ein paar Salatblätter. Anschließend erkundet sie das Klassenzimmer. Ebenfalls in aller Ruhe.

Cem hat einen Hamster in einem großen Käfig dabei. Cem hat ihn als ganz junges Tier bekommen und die beiden sind gute Freunde.

»Wie heißt denn dein Hamster, Cem?«, fragt Herr Nesterenko.

»Alf«, antwortet Cem und nimmt den Hamster aus dem Käfig. Aminata streckt die Hände nach ihm aus, und Cem setzt Alf vorsichtig hinein.

Wie weich das Fell ist! Und wie niedlich das kleine Schnäuzchen!

»Wie süß!«, ruft Aminata begeistert. Sie ist ohne Haustier gekommen, aber sie erzählt, dass sie jeden Montag auf den Reiterhof fährt. Dort hat sie eine Reitbeteiligung an einem Pony. Aminata hat auch ein Foto und einen Steckbrief von dem Pony mit, außerdem ein Hufeisen und ein paar Mähnenhaare, die nach Stall und Pony duften.

»Ein Pony!« Emma seufzt. Ein eigenes Pony hätte sie auch gerne, doch Mama hat gesagt, dass das leider nicht geht. Aber vielleicht machen sie alle

zusammen einmal Urlaub auf einem Bauernhof, auf dem es auch Pferde und Ponys gibt und Emma reiten kann.

Bao hat ein Bild von seiner kleinen schwarzen Katze gemalt. Sie ist noch fast ein Baby. Bao erzählt, dass sie immer den Vorhang hinaufklettern will und viel Unsinn anstellt. Er hat ihr Spielzeug selbst gebastelt und mitgebracht: eine Art Angel mit einem Papierball an der Schnur. Und sein Vater hat das Schurren der Katze aufgenommen und per Sprachnachricht an Herrn Nesterenko geschickt, der es der Klasse vorspielt.

Außer einem Foto und einem Steckbrief hat Olga ein paar weiche zarte blaue Federn dabei. Sie stammen von ihren beiden Wellensittichen Pauli und Lotte.

»Pauli ist ganz zahm und geht auf meinen Finger«, sagt Olga. »Aber nur bei mir. Vor meiner Schwester Mara hat er Angst und vor meinem kleinen Bruder Milo erst recht.« Sie lacht. »Milo steckt im Moment alles in den Mund.«

Anna kommt etwas später, weil sie am Morgen noch einen Arzttermin hatte, und sie hat natürlich Cora dabei. Die Hündin zögert nur kurz, als sie ins Klassenzimmer kommt. Dann führt sie Anna trotz der fremden Gerüche zu ihrem Platz. Annas Hand ruht auf dem Führbügel. Sie vertraut Cora. Marcel geht hinter den beiden her. Weil er nur auf Anna achtet, stolpert er fast über Thea, die inzwischen ihre Route geändert hat. Im letzten Moment hält Sheriban Marcel zurück.

»Tut mir leid«, sagt Marcel. »Mit einer Schildkröte habe ich nicht gerechnet.«

Er bückt sich und streichelt ihren Panzer. Thea macht »Pffft« und zieht ihren Kopf ein.

Sheriban hebt Thea hoch und trägt sie zu Anna.

»Hier, Anna! Das ist Thea! Fühl mal.«

Vorsichtig gleiten Annas Finger über den harten Panzer. Dann befühlt sie die schuppigen Vorderbeine mit den festen Krallen. Als Thea ihren Kopf wieder herausstreckt, streichelt Anna auch behutsam die Oberseite und den weichen Hals.

»Der Hals fühlt sich fast an wie eine Eidechse«, stellt sie fest.

»Die Tiere sind ja auch verwandt«, sagt Herr Nesterenko. »Beide gehören zu den Reptilien.«

»Willst du auch mal meinen Hamster Alf halten?«, fragt Cem.

Anna nickt.

Aminata will Alf an Anna weitergeben, aber da entwischt Alf und springt auf den Tisch. Blitzschnell saust er über die Tische, dann ist er nicht mehr zu sehen.

»Er ist auf den Stuhl gesprungen«, ruft Ilai. »Jetzt ist er auf dem Boden. Achtung, er läuft unter das Regal.«

Cem legt sich flach auf den Fußboden, um Alf unter dem Regal hervorzulocken. Aber der Hamster ist zu aufgeregt von seinem Abenteuer und traut sich nicht. Da schiebt Cem seinen Arm unter das Regal, doch er kann Alf nicht erreichen.

»Soll ich mal?«, fragt Felix. Er ist größer und hat längere Arme als Cem.

»Ja, bitte«, meint Cem. Seine Wangen sind ganz rot, weil er so in Sorge um Alf ist.

Felix kniet sich hin und versucht, unters Regal zu spähen.

»Alf sitzt in der Ecke«, stellt Felix fest und legt sich genauso flach hin wie zuvor Cem. Felix streckt sich.

»Ich hab ihn!«, flüstert er dann. Behutsam hält er Alf in beiden Händen und kommt wieder auf die Beine.

»Gut gemacht, Felix!«, sagt Herr Nesterenko.

Felix hebt den Kopf und strahlt. »Ich wusste gar nicht, ob ich mit Tieren umgehen kann«, sagt er.

»Danke, Felix! Ich setze ihn besser in den Käfig zurück, damit er nicht noch einmal abhaut«, meint Cem.

»Darf ich das machen?«, fragt Felix.

Cem nickt.

Vorsichtig setzt Felix den Hamster in den Käfig. Jetzt kann sich das Tierchen von seinem aufregenden Ausflug erholen. Alf läuft gleich in sein Schlafhaus und verkriecht sich. Dann streckt er sein Köpfchen noch einmal hervor und es sieht fast so aus, als ob er Felix zuzwinkern würde.

Gesucht und gefunden!

Welcher Schatten gehört zu welchem Tier?
Ziehe einen Strich von jedem Tier zu seinem Umriss.

MACH MIT.

Die große Buchstabenverwirrung

Olga möchte so gerne lesen lernen. Ihre neue Freundin Elif aus der zweiten Klasse hat ein ganzes Regal voller Kinderbücher. Elif schwärmt Olga von den schönen Geschichten vor. Darin geht es um Drachen, Hexen und Zauberer, um Tiere und Abenteuer.

Doch lesen lernen ist gar nicht so einfach. Es gibt ja so viele Buchstaben. Und manche kann man leicht verwechseln. Zum Beispiel das b und das d. Olga muss bei den Buchstaben an einen Mann mit einem dicken Bauch denken. Trotzdem verwechselt sie die Buchstaben immer wieder.

Emma versucht, Olga zu helfen. Sie malt ein Gesicht mit zwei Ohren. Das eine Ohr sieht aus wie ein d, das andere wie ein b. Das ist zwar lustig, trotzdem kann Olga die Buchstaben noch immer nicht auseinanderhalten.

Emma zerbricht sich den Kopf. Plötzlich hat sie eine Idee.

»Guck mal, Olga! Bao sitzt links neben dir. Wenn du dich zu ihm drehst, zeigt sein Bauch zu dir. Wie das b. B wie Bao.«

Olga blickt zu Bao. Er ist ziemlich dünn. Sie stellt sich Bao mit einem dicken Bauch vor und muss grinsen.

„Warum lachst du?", fragt Bao.

»Ich habe mir vorgestellt, dass du einen ganz dicken Bauch hast«, antwortet Olga.

Bao schüttelt den Kopf und tippt sich an die Stirn. »Du hast ja einen Vogel!«, sagt er und ist ein bisschen beleidigt. Aber fünf Minuten später ist die Sache schon wieder vergessen.

Ein Stück rechts von Olga sitzt Dirk, der erst vor zwei Wochen in die Klasse gekommen ist. Er ist noch sehr schüchtern.

»Wenn du zu Dirk nach rechts guckst, siehst du seinen Bauch«, sagt Emma zu Olga. »D wie Dirk. Ist doch ganz leicht zu merken, oder?«

Olga schwirrt der Kopf. Was soll daran denn leicht sein? Aber schließlich begreift sie, was Emma meint. Wenn Olga jetzt ein b oder ein d sieht, überlegt sie rasch, auf welcher Seite Bao und auf welcher Seite Dirk sitzt. Endlich kann sie die Buchstaben unterscheiden! Aber das war ganz schön schwer!

Nachts träumt Olga manchmal von den Buchstaben. Da kommt zum Beispiel das große O mit einem freundlichen Gesicht anmarschiert und macht eine Verbeugung. O wie Olga! Dahinter trippelt das neugierige M. M wie Mara, Olgas kleine Schwester. Die ist auch sehr neugierig und schnüffelt immer in Olgas Sachen herum. Und da kommt ja noch ein zweites M hinterher. M wie Milo, Olgas Babybruder, der inzwischen gar kein Baby mehr ist und genau weiß, was er will. Meistens will er Olgas Spielsachen. Aber er macht leider viel kaputt.

Manchmal kommt auch ein S daher. S wie Stefan, Mamas Freund und Milos Papa. Das S in ihrem Traum hat einen Schnurrbart, genau wie Stefan.

Ab und zu spaziert auch ein E in Olgas Träumen vorbei. E wie Emma, ihre

Freundin, die sie schon lange kennt und die ihr alles immer so geduldig erklärt. Oder E wie Elif, ihre neue Freundin.

Bei Elif ist immer viel los, weil sie noch vier Geschwister hat. Eines ist erst vier Wochen alt. Olga hat ganz vergessen, wie winzig Babys am Anfang sind. Aber sie hat nicht vergessen, wie laut Babys schreien können!

Am liebsten mag Olga den Buchstaben L. Der sieht aus wie ein Bein mit einem Fuß. Damit kann man laufen. L wie laufen! Das ist leicht zu merken!

Trotzdem fällt Olga das Lesen schwer. Wenn sie eines von Elifs Büchern aufschlägt, tanzen die Buchstaben auf der Seite. Keiner scheint an seinem Platz zu bleiben. Dann ist Olga manchmal richtig verzweifelt. Wie lange wird es denn noch dauern, bis sie so mühelos lesen kann wie Elif?

»Nur Geduld, das wird schon«, meint Elif, »Ich habe auch eine Weile gebraucht, bis ich lesen konnte.«

»Und wenn ich es nie lerne?« Olga ist den Tränen nahe.

Da nimmt Elif sie in den Arm. »Du lernst es ganz bestimmt! Das weiß ich!«, flüstert sie.

Olga fühlt sich getröstet. Wie gut, dass sie so eine Freundin hat!

Eines Tages klappt Olga ihr Lesebuch auf. Sofort springt ihr ein Wort ins Auge: Otto. Das Wort erkennt sie, ohne nachdenken zu müssen. Es fühlt sich an, als ob sie einen Freund wiedersieht, den sie gut kennt. Und noch ein Wort auf der Seite erkennt Olga sofort: Anna. Auch bei Anna muss sie nicht wie sonst mühsam die Buchstaben zusammensetzen.

Ihr wird ganz heiß vor Freude. Olga weiß, dass sie einen großen Leseschritt gemacht hat. Die Buchstaben sind plötzlich keine Fremden mehr, sondern Freunde. Sie treffen sich, wechseln den Platz und stehen auch einmal eng zusammen. Und sie erzählen Geschichten.

Jeden Abend übt Olga mit Mama oder Stefan Lesen. Meistens liest erst Mama vor und dann soll Olga ein Stückchen lesen. Manchmal lesen sie

zusammen. Oft will auch Mara mitmachen. Manche Wörter kann sie schon genauso gut lesen wie Olga.

Wenn Mama Gute Nacht gesagt und das Licht ausgemacht hat, knipst Olga es noch einmal heimlich an. Sie holt ihre Bilderbücher hervor. Die kann sie längst auswendig. Aber jetzt schaut sie sich die Buchstaben an und freut sich über jedes Wort, das sie lesen kann.

An diesem Freitag öffnet Herr Nesterenko die Türen seines Schreibtisches. In den Fächern dahinter sind lauter Bücher. Die meisten haben eine große Schrift und viele bunte Bilder.

»Einige von euch können ja schon ein bisschen lesen«, sagt Herr Nesterenko zu seiner Klasse. »Wer will, kann sich ein Buch aussuchen und es mit nach Hause nehmen. Das machen wir jetzt jeden Freitag!«

Natürlich will auch Olga ein Buch ausleihen. Sie entscheidet sich für eine Geschichte mit einem kleinen Bären. Das Titelbild. sieht irgendwie niedlich aus! Was in dem Buch wohl mit dem Bären passiert?

Olga ist ganz glücklich über ihr Bärenbuch. Zu Hause beginnt sie gleich zu lesen. Sie schafft vier Seiten! *Toll, toll, toll*, denkt Olga glücklich.

Nach einer Woche hat Olga das Buch ausgelesen. Sie ist so stolz! Sie hat ein ganzes Buch gelesen! Wow!

MACH MIT!

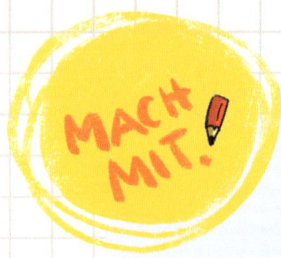

Kennst du schon das Alphabet?

Fallen dir noch mehr Tiere ein, die mit A, E, I, O oder U beginnen?

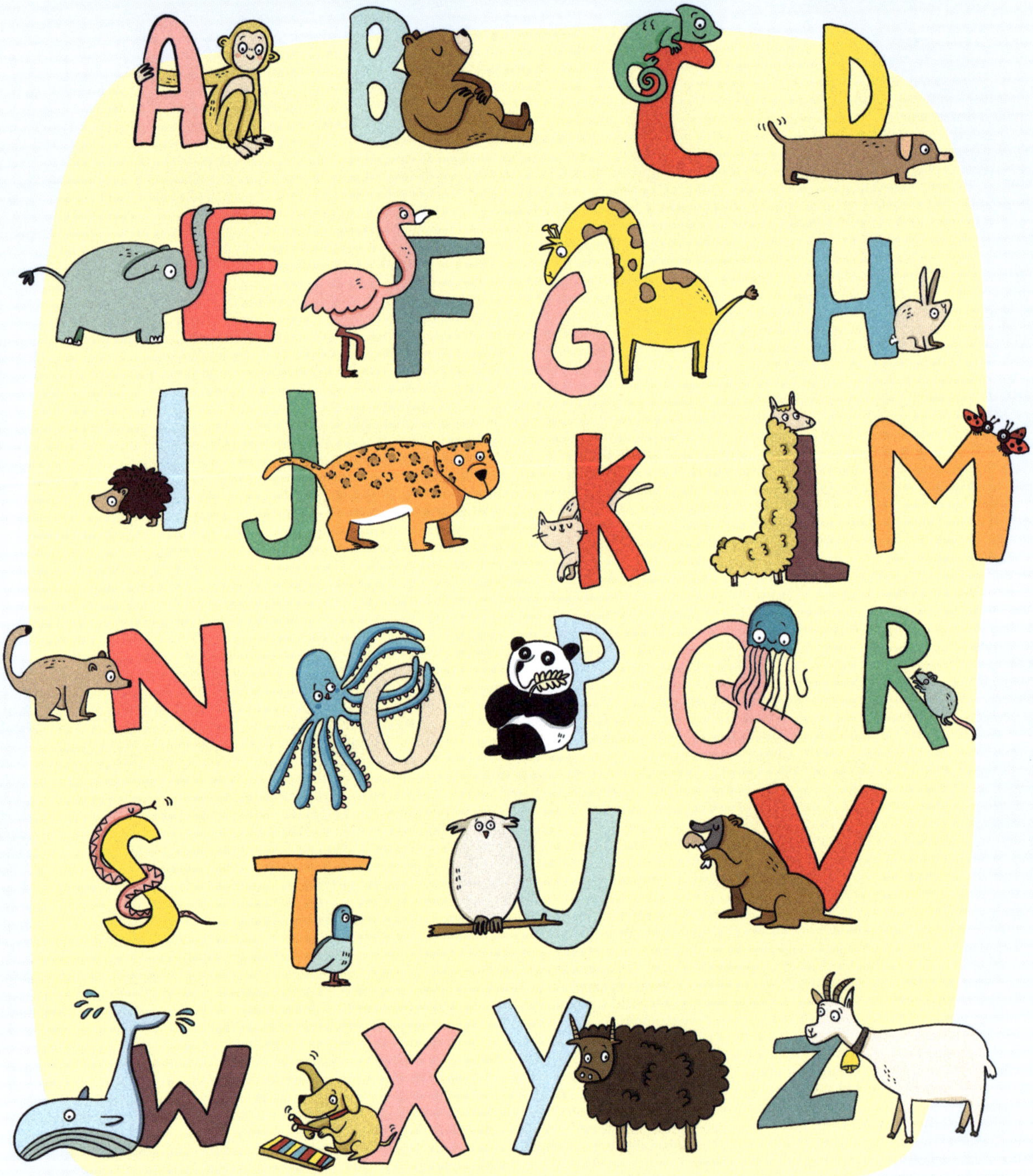

Lösungen:

S. 20/21

Es sind 6 Vögel.

S. 29

S: 48

1. Zebra
2. a)
3.

S. 55

1.

2.

S. 76/77

S. 83

S. 90/91

Es sind 22 Fische.

S: 120

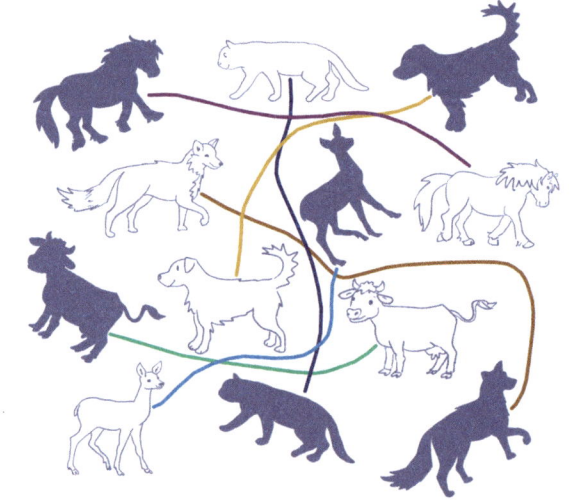

© 2022 Carlsen Verlag GmbH, Völckersstraße 14–20, 22765 Hamburg
Text: Marliese Arold | Text der Geschichte „Zwei Kängurus im Wasser": Imke Sörensen
Illustrationen: Franziska Höllbacher, Stefanie Krauss, Sabine Legien
Lektorat: Marlen Bialek, Imke Sörensen | Herstellung: Derya Yildirim
ISBN 978-3-551-52188-0 | www.carlsen.de